鏡リュウジの
実践タロット・リーディング

朝日新聞出版

CONTENTS

はじめに

鏡リュウジ

タロットの世界に初めて触れてから、もうずいぶん長い時間がたってしまいました。タロットに関しても、何冊もの本を出させていただきましたし、翻訳をしたり、雑誌やウェブなどで多くのタロットカードのデザインの監修などをしたりしてきました。

考えてみればぼくの人生の半分以上はもう、「タロットまみれ」であったということになります。実際、ぼくの書棚はそれこそタロットカードや関連書籍に大きなパートを占拠されています。いや、それどころではなく、書棚だけでは手狭だと言わんばかりに増殖するタロットと書籍たちは、書棚の枠を乗り越えて、リビングの床までも徐々に侵略している状況なのです。

こんな具合ですから、もういい加減にタロットに食傷してしまってもいいのではないかと自分でも思うのですが、いやいや、さにあらず。初めてタロットを手にした少年時代の興奮は、今でもぼくの心の深いところで火花を放っていて、時としてそれが大人になった今でもぼくの心を突き動かしています。タロットを手にすると、今もなお、なんとも言えないときめきを感じてしまうのです。

そのときめきは、たった今、初めてタロットを手にしたというあなたも、そして、熟練のタロット占い師も同じように感じることができるものではないでしょうか。

ぼくが、さらにもう一冊のタロットの入門書を上梓しようとするのも、そんなタロットそのものの魅力に後押しされてのことです。

この本には「実践」という言葉がつけられています。しかし、本書のこのタイトルに疑問をもたれた方もおられるかもしれません。ぼくのいくつかのタロット本についていうと、歴史的なことについては既刊の『タロットの秘密』(2017年、講談社)でおおよそのところをカバーしましたから、その本と比べるとたしかに実用、実践的なところが大きいとは言えます。けれど、他の翻訳や著作にも実践的なことは相当含まれているので、今さら「実践」というのはどうか、と思われるのではないでしょうか。しかもこの本は、タロットのそれぞれの札をめぐってぼくが思いを紡いだ、一種のエッセイや随筆としての色が濃くなっています。

けれど、これこそがタロットの「実践」の本質的なところだとぼくは感じています。

タロットといえば、古代エジプトにさかのぼる太古の英知の結晶であると考えている人もかつてはいました。また、カバラの秘儀や錬金術などの伝承を暗号化したものであると想像した人もいたのです。しかし、このような神秘的なタロット誕生の物語は「神話」であることが今ではわかっています。実はこうしたタロットの「歴史」は、18世紀後半に、誤解に基づいてはじまったもので、この古代エジプト起源説を基に、ヨーロッパのオカルト的な志向をもつ人々によって、さまざまなイマジネーションが幾重もの層となって積み上げられていきました。実証的な研究は、そうしたオカルト的タロット解釈が、事実としては根拠がないということを明らかにしてしまいました。

しかし「神話」とは、そもそも事実でないから意味がないというものではありません。神話は歴史上のある空間や地域ではなく、人々の心の深いところから自然に立ち上がってくるものです。だからこそ神話は荒唐無稽でありつつも人々の心をつかみ、長いあいだ語られていくのです。

タロットの「神話」もそうした性質をもっているとぼくは考えます。そしてもともと遊戯用の札であったタロットには、そうした「神話」を生み出す潜在的な喚起力があったと思うのです。

世間の常識から外れる愚者。どんな権威も権力も抗《あらが》えない死。人と人を結びつける愛。そうした普遍的に見えるイメージの源泉がタロットには含まれています。実際の占いではそれを具体的な意味に落としこんで状況にあてはめていくのですが、ここで「このカードの意味はこう」と紋切り型の言葉にあてこんでしまっただけでは、人の心は動きません。むしろ、カードの寓意像を見て浮かんだいろんなイメージが、人生や世間の状況と有機的に結びついて初めて、タロットは実際的な意味をもってくるのです。

この本は、「この場所にこのカードが出たらこういう予言」だというようなスタイルはとりません。むしろ、この本にあるのは、ぼく自身がカードに突き動かされイメージを飛翔させた、その軌跡のようなものです。それにあなたが従う必要はありません。しかし、そのイメージの深まり、広がりをひとつのサンプルとして、あなた自身がカードと対話し、あなた自身のカードのイメージを育み、あなた自身のタロットの世界をつくり上げていただく一助としていただきたいのです。そしてそれこそが最高のタロットの「実践」マニュアルだと、ぼくは信じています。

構成　浅見ミサ
装丁　宮崎絵美子
イラスト　阿部 結
カード提供　夢然堂

PART 1

MAJOR ARCANA

大アルカナ

MAJOR ARCANA　大アルカナ

78枚のタロットカードの中で、いかにも「タロットらしい」と感じられるのが大アルカナと呼ばれるカードだ。

崖の上を飄々《ひょうひょう》と歩いてゆく『愚者』。何かの罰を受けているのか、あるいは自ら進んで犠牲になっているのか、木に吊り下げられた『吊られた男』。人の運命を操る『運命の輪』。醜悪で恐ろしげな『悪魔』に無常の風が吹きわたるような『死神』、まばゆくさんさんと輝く『太陽』や男女の美しい愛情を表すような『恋人』。

これらの中に、人生の深い意味合いを見たくなるのはごく自然なことである。これらの絵札が大「アルカナ」と呼ばれているのもうなずける。アルカナとは「神秘」を意味するラテン語の単語だ。したがって、大アルカナとは「大きな秘密」ということになる。

しかし本来、タロットはその歴史において、神秘的、あるいは秘教的なものではなかったのだ。「アルカナ」という言葉がタロットに結びつけられるのは、19世紀後半になってからのことである。

もともと、タロットのルーツはトランプと同じで、イスラム起源の4つのスート（組）からなるカードゲームだった。それがルネサンス初期に西ヨーロッパへ流入し、最新の舶来のゲームとして貴族たちのあいだで流行することとなる。そして15世紀半ばに、北イタリアの貴族たちのあいだで画期的な発明がなされた。

トランプのような数札（今でいう「小アルカナ」のルーツ）に、絵札からなる切り札をプラスして、さらにゲームを複雑にすることが試みられたのだ。この絵札が「大アルカナ」と後に呼ばれるようになった。

ゲームであるからには、誰にでもすぐにわかるモチーフが採用されるのが道理である。そこで利用されたのは、「皇帝」や「教皇」といった当時の社会的な役職、そして当時流行していた「寓意画」の伝統だった。たとえば「正義」「時間」「愛」「死」「節制」といった抽象的な概念は、ローマからの伝統の中で絵画的に表現されるようになっていた。「正義」という概念は剣と天秤をもつ人物として擬人化され、「時間」は砂時計と鎌をもつ老人として描かれた。タロットにはこうした寓意像がたくさん取りこまれていったのだ。

しかし、そうした寓意像の伝統が時の流れの中で失われ、また、複写に複写が重ねられていくうちにさまざまな変形が加えられたこともあって、近代に入ると、タロットは人々の目に謎めいたものとして映るようになる（中には伝統的な寓意像には見あたらないようなものもある）。数ある寓意像の中から、なぜ今のタロットの大アルカナにあたる22枚がスタンダードになっていったのか、そこに体系はあるのか、といった議論は諸説が分かれるところだ。18世紀後半以降、タロットにさまざまなオカルト教義が投影される余地も、ここに生まれてきたというわけだ。

大アルカナの歴史的な図像の起源については少し触れたが、ここではこれらの絵から受けるさまざまなイメージの連鎖に比重をおいて語っている。それはぼくが、タロットの寓意は、歴史を超えて喚起されてくる普遍的なイメージでもあると考えているからだ。心理学者ユングが「元型《アーキタイプ》」と呼んだような、人間の深い無意識に響くようなイメージ群として、タロットをとらえることもできると思うのだ。

じっくりとタロットの絵札を見つめてみてほしい。するとこのエキゾチックな図像が、ごくごくありふれた日常的な生活のシーンや、人生の中でぼくたちがしばしば、しかしとても深い意味をもって出会う心の動きなどと重なり合い、響き合うように見えてこないだろうか。

そしてそれらの絵柄と対話をすれば、ぼくたちが今抱えている問題に、新しい視座が開かれてくるように感じられるのだ。

ここで図版として採用しているのは、ウエイト＝スミス版という20世紀の名作タロットだ。このデッキはオカルト的解釈によって制作されているものの、その親しみやすいタッチもあり、驚異的なまでの人気を博し、普及していることから、製作者の思惑を超えて、たくさんの人々の気持ちの動きの受け皿となってきたことがわかる。

さあ、タロットのイメージをあなたの中で動かして。ぼくの拙《つたな》い解釈とイメージの流れは、あなた自身のイメージを動かすための、一種の呼び水のようなもの。今こそ、一緒に旅に出よう。最初はぼくが道案内をしようと思う。けれど、タロットのイメージの世界は実に広大だ。あなたはやがてあなた自身の道を見つけ、あなただけが見ることのできる景色と出会うだろう。その景色があなたの現実の人生を豊かにするならば、こんなにうれしいことはない。

0 愚者 *The Fool*

愚者は、「何者でもない存在」であると同時に「何にでもなれる存在」だ。無垢で未熟なエネルギーの塊。それゆえ、周囲には常に危険がつきまとう。しかし、リスクを恐れ、動くことをやめてしまったら、手に入るかもしれないすべての可能性を失うこととなる。このカードはあなたに、初心に返り、素直な目で物事を見つめてみることを勧めている。時には心のままに動いてみることも必要かもしれない。未知は危うさを有するが、同じ分だけ期待を秘めているのだから。

SYMBOLS of The Fool

A 左への運動

左への移動は、心理学的には無意識への動きを表している。「正しい」(right)方向でも、意識的な方向でもない。彼は常識に反して、体制の流れとは異なる方向に動こうとしているのだ。

B ユニセックスな衣装

愚者の衣装はユニセックス的なイメージのものである。ジェンダー論が指摘するまでもなく、性別による役割分担は社会的なステータスを象徴していて、そこから逸脱することで差別が起こったり、逆にシャーマンのような聖化が起こることになる。

C バラ

バラは生命の象徴。また、バラ窓は一種の曼荼羅であり、「完成」を象徴するシンボルだ。愚者はいまだに何者でもないが、バラを手にしていることで、ひとつの全体性を内包していることを示している。可能性の大きさや、あるいは時間の制約、成長というモデルから解き放たれた姿を表しているとも言えるだろう。

D 犬あるいは猫？

愚者につき従う小動物。こざかしい人間ではなく、動物のような純粋な気持ちを持った存在こそ、この枠を逸脱した人物の友となれることを表しているのだろうか。

STORY of The Fool

大人の事情にとらわれない、内なる子ども

ビートルズの歌に登場する『愚者』

正確に調査したわけではないけれど、タロットにかかわっている人に「あなたが一番好きなカードはどれですか」と聞いたとしたら、『愚者』を挙げる人がもっとも多いのではないだろうか。海外ではさまざまなタロットの『愚者』の札を集めた画集も出ていたと記憶するし、Tシャツにデザインされたりもしている。何者にも縛られない、自由なスピリットを象徴すると解釈されているから、タロットのような、ちょっと変わった神秘的な世界にひかれる向きに、このカードが魅力的に映るのはよくわかる。

ただし、伝統的なデッキでは、『愚者』のイメージは現代のそれとはずいぶん違っている。15世紀に生まれた最初期のヴィスコンティ＝スフォルザ版では、「愚行」を表す

鳥の羽を頭につけた貧しい男が、マルセーユ系では、髭《ひげ》の生えた老人が描かれている。

しかしその後、20世紀のウエイト＝スミス版のカードでは、軽やかな足取りで崖の上を歩いていく美しい青年が描かれた。こうして、『愚者』には未知の可能性を象徴する若者のイメージが固定されるようになったのだ。

現代的な多くの解釈では、この0番の男は「いまだ何者でもないもの」ではあるが、無限の可能性を秘めているとされる。この『愚者』が、タロットの番号を通じて旅してゆく過程が、人間の成長を示しているというのである。

このようなカードの解釈の底に、あなたもよく知る音楽が鳴り響く。それは、ご存じビートルズの「フール・オン・ザ・ヒル」（作詞：ポール・マッカートニー）だ。文字通り、丘の上の愚者。その歌詞を思い出してみよう。

Day after day, alone on a hill
The man with the foolish grin is keeping perfectly still
But nobody wants to know him
They can see that he's just a fool, And he never gives an answer

（来る日も来る日も、阿呆のようなうすら笑いをたたえた男がたった１人で、丘の上に立っている。でも、誰も彼のことを知ろうとしない。みんなには、彼はただの阿呆に見える。彼は何も答えようとしないのだから）

But the fool on the hill ／ Sees the sun going down
And the eyes in his head ／ See the world spinning round
（でも、丘の上の愚者は太陽が沈むのを見ている。そして頭の中では、この地球が回っているのが見えている）

愚者の「智」とは

この歌詞とウエイト＝スミス版の『愚者』の札を見比べてみよう。イメージがぴったりと重なるのがおわかりだろうか。

ポールがこの曲を書いた時に、タロットを参照していたかどうかは、ビートルズ・マニアではないぼくには知る由もない。一説によるとこのイメージは、当時の常識に反して地動説を唱えたガリレオからきているらしい。しかし、1960年代以降、タロットは主流文化に反旗を翻《ひるがえ》そうとするカウンターカルチャーの中で重要なシンボルとなっていたのだから、ビートルズがタロットを知らなかったと考える方が無理である。そして逆に、このポールらしい哲学的な歌詞が、その後の『愚者』の解釈に大きな影響を与えていったとも言えるはずだ。

この男は、世間の声に反応しない。だから人は彼を『愚者』だと思っている。だがこの『愚者』は、太陽の動きが、本当は地球の回転によって引き起こされているということを知っている。この世界がぐるぐると動いていることを知っているのだ。「聖なる愚者」「智をもつ阿呆」というイメージが、そこから引き出される。『愚者』はビートルズの歌によって、主流の智とは異なる智という、カウンターカルチャーを象徴するような存在へと昇華されているのである。

永遠の少年の元型

もうひとつ、このカードを見て思い出すのは、ユング心理学でいう「永遠の少年」(プエル・エテルヌス）と呼ばれる元型的イメージである。ユング心理学では、心の深い層に、人間経験の基本的なパターンを象徴するイメージがあると考えている。このイメージが動き出すと、人は強く心を動かされていく。運命的な出来事が起こる時は、まず間違いなく、元型的なものが働いている。

「永遠の少年」とは、いつまでも年を取らない、キラキラしたスピリットの象徴だ。ピーター・パンを思い浮かべていただければ、そのニュアンスをとらえることができるだろう。大人の世界の現実や汚辱に染まることなく、軽やかに空を飛び回る。若さゆえに怖いものはない。無限の未来を信じることができるものの、「地に足をつけて」現実化することは苦手である。しかし、なんといってもその輝きは魅力的なのである。プエルの元型が動く時、ぼくたちは「大人の事情」という面倒な縛りを破り、「過去の事例」などにとらわれることなく、次のステップに踏み出す勇気をもつことができる。もちろん、そこには当然リスクがあるのだが。

このプエル元型が人々を動かす生き生きとした例を、ぼくたちは数年前に見た気がする。政府の安全保障にまつわる立法をめぐって、学生を中心とした若者たちが連帯し、大掛かりなデモンストレーションを行ったことを覚えている人は多いだろう。

従来の形式にとらわれず、まるで音楽の野外フェスのようなしつらえで行われたそのデモは、予想外の反響を呼び起こした。ぼくはその時の世間の反応に、まさに「少年《プエル》」元型の発動を感じたのである。彼らの活動は意見を大きく二分した。一方は「ついに若者たちが動き出した。社会が変わりはじめた、応援しなければいけない！」という熱気につつまれた大人や若者たち。もう一方は「政治運動に名を借りた、学園祭のようなお祭り騒ぎにすぎない」と冷笑する人々。元型的なイメージは、人々の心の深いところを刺激するため、強い魅力を感じるか、あるいは嫌悪を感じるか、極端に分かれがちになる。実際にはその両方の感情を喚起されているのだ。

『愚者』のカードは、従来の社会の枠組みには収まらない、いまだかたちにならない純粋なエネルギーを表す。これが現れた時には、未知の可能性に対しての恐れと魅惑、その両方が喚起されている。内なる子どもを殺してしまわないように、しかし、その子どもが未熟なゆえにとるリスクを意識しつつ、次のアクションを考えることが必要になる時だろう。なお、前述したマルセーユ系の古い木版画のタロットに描かれている老人は「成人男性（と女性）」が回している、社会の周縁にいる存在を表す。子どもと老人はコインの裏と表なのだ。

1 魔術師 *The Magician*

このカードを引いた時、あなたはすでに、何かを実現するために必要なものを手にしていると考えられる。技術や知識、アイデアなど……。あとは目標に向かって努力をつづけていくだけだ。あなたの行動は、みんなを驚かせ、新たな風を吹きこむこととなる。誰かの後をついていくのではなく、自らが旗振り役となって、能動的に動いていくことが大切だ。誰も通ったことのない道を、知恵と工夫で切り開いていこう。思いも寄らなかった自分の才能を発見する可能性もある。

SYMBOLS of The Magician

A テーブルの上の4つの道具

テーブルの上には棒、杯、剣、金貨という、小アルカナの４つのスートを表す小道具が載せられている。これは地上を構成する火、水、風、地を象徴しており、魔術師がこれらを操り、さまざまな奇跡を起こす力をもつ人物であることを象徴しているようだ。

B 魔術師のポーズ

仏陀は誕生した時、片手を天、片手を地に向け「天上天下唯我独尊」と言ったそうだが、その姿が魔術師のポーズと同じなのは偶然だろうか。両者とも、自分という存在が天と地の間に厳然としてある、ということを力強く示しているようである。

C 魔法の杖

杖、棒は、おそらく人類が最初に手にした「道具」である。それは大地を耕す鍬としての機能もはたす一方で、他者を殴り倒す武器としての側面ももつ。人の力を増幅させ、動物からヒトへ跳躍するための第一歩を踏み出させてくれる。エネルギーを増幅し、その流れを定める武器であり、技術の象徴なのだ。

D バラとユリ

赤いバラは情熱や生命力、そして愛を表すこともある。白いユリは純潔の象徴であると同時に、ヨーロッパでは葬式や墓前に供えられる「死」を象徴する花でもある。ここでは生と死の二面性を表していると見ることができよう。

STORY of The Magician

『魔術師』は誰のために力を使うのか

奇術師は何の子ども？

「タロット総選挙」があるならば、人気という点で『愚者』に次いで次点に上ってきそうなのが、この『魔術師』だと思う。なにしろ、占い師は一種の魔法使いなのである。とすれば『魔術師』は、タロットが好きなぼくたちの化身そのもののような気がしてくるではないか。

このカードは、もともとは「奇術師」と言われていた。路上でテーブルを出し、その上に小道具を並べて、奇術のパフォーマンスを繰り広げていたのである。「高級」な仕事とは言えないかもしれないが、人びとの心をとらえてやまないパフォーマーだ。

図像学的なことを少しお話しすると、奇術師の姿は「惑星の子どもたち」と呼ばれるルネサンス期のヨーロッパの絵画にも見ることができる。「惑星の子どもたち」といっても、星が生んだ子どもが描かれているわけではない。古代より占星術では、太陽、月、水星、金星、火星、木星、土星という7つの天体を「惑星」とみなし、それぞれを人格をもつキャラクターにたとえてきた。金星はヴィーナス、火星はマルスというように、ギリシャ神話、ローマ神話に登場する神格と同一視され、それぞれの神がつかさどる地上の出来事に、大きな影響力をふるうとされている。地上で起こるすべてのことは、これらの惑星のどれかに管轄されていると言っていい。

「惑星の子どもたち」では、それぞれの惑星の神が凱旋車《がいせんしゃ》に乗って天をかける姿と、それらの惑星に属する職業の人々が、地上で生活する姿が描かれている。たとえば、愛と美を象徴する金星の子どもといえば、恋人たちや、音楽家をはじめとする芸術家などであった。一方、火星は戦いの神であり、その下には戦士の姿が描かれている。

では、「奇術師」は誰の子どもなのだろう？　おもしろいことに、「奇術師」は、「月《ルナ》」の子どもとして描かれているのだ。これは、オーソドックスな占星術ではちょっと理解が難しい。

月は潮の満ち引きを支配していることから、海をつかさどるとされている。このこ

惑星の子ども「月」。路上で道具を広げる奇術師が描かれている

とから、一般的には漁業者や船乗りが「月の子ども」とされることが多いのだが、なぜかこの絵のように「奇術師」も「月」の子どもとして描かれていることがあるのだ。

時おり、「なぜ奇術師が月？」という質問を受けるのだが、ぼくにもその理由はわからない。考えられる理由のひとつとしては、月はもっとも地球に近い「低い」天体であることが挙げられる。そのため、人間界のヒエラルキーの中で「低い」仕事である、路上の奇術師が配当されているのではないかという気がする。

また、月は変幻自在の天体でもあるゆえに、「騙《だま》されやすさ」の象徴でもある。奇術が人を騙す「トリック」であることを考えれば、それもまた不適当とは言えないのだが……それなら最初から「技術」や「騙し」を象徴する水星の支配でもよさそうだ。

もしくは人々の感情の動きに近しい月（月は感情を象徴する）を、人の心の中に入りこむことができる奇術師の技術の象徴としているのかもしれない。

「奇術師」から「魔術師」へ

さて、19世紀後半以降、このカードは『魔術師』へと変貌する。近代に入ってから、タロットの中にはオカルト的、魔術的要素が取りこまれていく。トリックではなく、本物の魔法を使う存在へと変化するわけだ。

では、ここで言う「魔術」とは何だろうか。定義するのは難しいが、現代の『魔術師』たち（たとえば、19世紀末に英国で結成された魔術結社「黄金の夜明け」団出身であるアレイスター・クロウリーやダイアン・フォーチュン）によれば、「意のままに変化を引き起こす術」ということになる。

魔術の世界観によれば、この宇宙にはさまざまな濃度の霊気が満ちている。魔法を使うことで、『魔術師』はその精妙な霊気と接触し、自らの意志の力でそれを意図する向きへと方向づけ、結果的にこの世界に変化を引き起こす。魔術の最終目的は、この宇宙の本質と自分とを合一させることなのである。タロットに描かれている『魔術師』は、世界の神秘に通じた賢者であり、霊的な導師でもあるのだ。

とはいえ、ここに描かれているのは、禅の高僧やキリスト教神秘主義者のように、瞑想にだけ耽《ふけ》っているような精神主義一辺倒の存在ではない。ここで用いているウエイト＝スミス版の『魔術師』を見ると、魔法使いの前にあるテーブルには、棒、杯、剣、金貨（ペンタクル）の4つの道具が置かれているのが目につく。この4つの道具は、タロットの小アルカナのスート（組）の記号であり、タロットや西洋の魔法の象徴学においては、それぞれ、棒＝火、杯＝水、剣＝風、金貨＝地の四大元素を表すとされる。古代ギリシャの自然学においては、この4つの元素は地上世界の基礎をなすもので、自然の中にあるものはすべて、この4つの元素の組み合わせによってつくられていると考えられていた。だからこそ、4つの元素を操ることができれば、自然界に「思うままに変化を」引き起こすことができるとも考えられたのだ。

いわば、これは今の科学技術を先取りする考え方であった。ＳＦ作家のアーサー・

C・クラークは「高度に発達した科学技術は魔術と区別できない」という言葉を残しているけれども、この言葉はまさに現代の技術の状況を言いあてている。

ただし、すべてのことには裏面もあるものだ。すべてが操作可能だと思い上がった時、そこには罠《わな》がある。原発の「想定外の」事故に象徴されるように、「人知」には限界があると知っておくこともまた、大きな知恵なのではないか。思い上がった『魔術師』は黒魔術師であり、黒魔術師が自らの墓を掘ることになるのは、さまざまな物語がこれまでに描いてきた通りである。

この『魔術師』は、ひとつ前の『愚者』と違って無鉄砲で無意識的な存在ではない。分別もあり、意志の力をもつ存在だ。だからこそ、その技によってできることも多いだろう。このカードが出た時には、問題を解決したりいろいろなことをやってのけたりするスキルもあると示しているようにも思える。

しかし、その一方で、物事をすべて「操作」しつくせると考えたり、自分のためだけに技術や知識を使って人を利用しようとしたりしてはいけない、ということもこのカードは告げているように見えてくる。

2 女教皇

The High Priestess

あなたの心に、何らかの変化が起きていることを示している。このカードが出た時は、理屈や損得勘定より、自分の直感や感情の動きを優先させた方がいい。まずは内なる自分が望んでいることを、じっくりと探ってみてほしい。これまで他人の目を気にして隠そうとしてきたことや、本当はやりたいのに我慢してきたこと、見たくないと顔を背けてきたことなどはないだろうか。また、スピリチュアルな物事への興味が湧いているサインでもあるので、これを機に勉強してみては。

SYMBOLS of The High Priestess

A ヴェール

ヴェールは何かを隠し、保護するものであり、知識のないもの、資格のないものの視線をさえぎる意味がある。ヴェールそのものは薄いが、部外者の視線をさえぎるには十分。そしてそれは、勇気と資格をもつものには開けることができる。

B 冠と三日月

女教皇の冠は三日月（半分になったもの2つ）と満月を合わせたかたちをしており、エジプトの大女神イシスに由来するとされている。また、足元にも大きな三日月がある。月は夜の象徴であり、変化していく自然のリズムの象徴。女教皇が自然の奥底に眠る秘密を表していることを示す。

C 2本の柱

女教皇の両脇にある黒と白の柱は、ソロモン神殿にあったという2本の柱である。黒と白のコントラストは、易で用いられる太極の陰陽マークと同じく、相補的な対立物の変化のリズムを表していると言えそうだ。

D 胸の十字

女教皇の胸には腕の長さの等しい十字が見られる。この十字は、4つのエレメントのバランスや太陽を象徴している。変化の中にあっても変わらぬ、均衡点を表しているようだ。

STORY of The High Priestess

ヴェールの向こう側の隠された女性

一神教における女性の神性

タロットの絵柄は一見謎めいたものが多いように思えるが、実はその多くは、ヨーロッパの図像に親しんだ人間からすると「ありきたり」とも言えるものである。だが、この『女教皇』はそうはいかない。教皇とはもちろん、カトリック組織の最高権威だが、カトリックの司祭はすべて男性であり、教皇に女性が選出されることなど、歴史的に考えられない。

一方で、実際の「女性教皇」をモデルにしているという説もある。『女教皇』としてすぐに思い出されるのは、ヨーロッパに伝わる『女教皇』のジョアン（ヨハンナ）の伝説だ。なんと、実際に教皇の地位にまで上り詰めた女性がいたという伝説があるのだ。13

世紀の年代記作家、ポーランドのマルチヌスはこのように記述しているという。

〈(前略)マインツ生まれのヨハン・アングリクスが2年と7カ月4日のあいだ教皇位につき、ローマで死んだ。その後1カ月のあいだ教皇位は空位となった。このヨハンは女性であったと言われている。ヨハンは愛人の男の衣服をまとってアテネに連れてこられた少女で、彼女はさまざまな学識に熟達していき、同等の者がいなくなった。その後ローマに行き自由七科を教え、学生と聴衆のあいだの偉大な師匠となった。彼女の生活ぶりと学芸の高さは市中で評判になり、彼女は万民にとってローマ教皇として選ばれるべき人となった。しかし、教皇位にある間に彼女は愛人の子を身籠もった。正確な出産予定日時への無知から、サン・ピエトロ大聖堂からサン・ジョバンニ・イン・ラテラノ大聖堂へ向かう途中の、聖クレメント教会からコロッセオに向かう細い路地で彼女は出産した。死後、彼女は同じ場所に埋葬された。教皇は常にこの通りを避け、そうするのはこの出来事を嫌悪するからである。彼女が聖なる教皇の一覧に加えられることもないのは、女性であるためと、彼女にまつわることの汚らわしさの故である〉

だとすると、ジョアンは855年から858年まで在位した『女教皇』だということとになる。しかし、もちろん、これは歴史的事実ではなく、あくまでも伝説だ。

教会の詳細な文書によれば、こうした女性が存在する余地はないのだ。しかし、民衆の間では「女性教皇」は強い人気を誇り、その後もずっと語り継がれていくことになる。実際、この女性教皇は絵にもなって残っているので、タロットの中にそのイメージがもぐりこんだ可能性は否定できない。

教皇から司祭へ

さらに、20世紀になってはじめてルネサンス文化とタロットの関係を指摘し、最初に実証的なタロット研究を行ったのは、ガートルード・モークレイだが、モークレイは歴史上で、「女性教皇」が実在したことを指摘し、それがこの『女教皇』の札のルーツだと推測した。もちろん、カトリックの最高権威としての教皇ではない。

実は、異端とされた宗派の中には、神性を象徴するのは女性であるとし、女性の教皇を擁立しようとする一派もあった。「ギヨーマ派」と呼ばれる一派だ。その中には、マンフレダという女性が「教皇」として選出されたというのだ。

おもしろいことに、彼女は現存する最古のタロット、ヴィスコンティ＝スフォルザ版を制作させた、ミラノの貴族ヴィスコンティ家の親族にあたる。さらに、ヴィスコンティ家と婚姻関係をもち、タロット制作にかかわったスフォルザ家のビアンカも、熱心なマンフレダ崇拝者であったことが指摘されている。そこでこのヴィスコンティ＝スフォルザ版の中の『女教皇』は、マンフレダの面影を残しているのではないか、というのだ。

もちろん、これも仮説にすぎないが、イメージの中で、ユダヤ教ではシェキナー（聖霊）と呼ばれる存在は女性として表象されているし、キリスト教ではもちろん、マリアやブリジッド、カタリナなど女性の聖者が崇敬されている。このように男性を中心とする一神教の伝統の中に、それを補足する女性のイメージが出現してくるということ自体が、人間の心の傾向、本能のひとつであると言えるのではないだろうか。

ユングなら、宗教がこうした女性的なイメージを生み出す根本には、集合無意識レベルの「元型」、みんなに共通する深層心理があると言うだろう。

たとえば、マリアのイメージの背景には、エジプトの大女神イシスの存在があったということはよく知られている。「幼子イエスを抱くマリア」の図像には、古代エジプトにおける「幼子ホルスを抱く女神イシス」の像の記憶がこだましているというのが、多くの美術史家の意見だ。歴史を超えて存続するイメージとして、こうした女性の存在があるのだろう。

近代に入ってからタロットはオカルト化され、『女教皇』は、キリスト教の枠内で解釈される女「教皇」（The Popess）ではなく、より広い含意をもつ「女司長」（The High Priestess）という名前をもつに至った。タロット＝エジプト起源説に則《のっと》ったエジプト風タロットでは、このカードは「ヴェールをかぶったイシス」という呼び名も与えられている。次の『女帝』も同じく女性的なイメージのカードではあるが、こちらはより開放的な女性のイメージで「ヴェールを剥《は》がれたイシス」などとも呼ばれている。

ユングの夢判断との一致

ここでぼくが、おもしろい偶然だと思ったというか、一致を見出すのは、ユング心理学の重要なテキストの中にも、この「ヴェールをかぶった」イメージと同じ素材が登場するということだ。

ユングの重要な主著のひとつ『心理学と錬金術』（池田紘一・鎌田道生訳、

1976年、人文書院）の中に「個性化過程の夢象徴」という論文がある。これはある夢見手の一連の夢と、伝統的な錬金術の図版などを比較し、その中に現れた元型的なイメージを分析していくというユニークな試みである。ちなみにこの夢見手が、のちにユングと共同でシンクロニシティの研究に取り組む、20世紀を代表する物理学者、ヴォルフガング・パウリであったことは、数十年にわたって秘密にされていた。その正体が公になった時、ぼくは文字通り驚愕し、興奮したものだ。

さて、この「個性化過程の夢象徴」に登場する幻覚像のひとつを紹介しよう。「ヴェールをかぶった女が1人で階段に座っている」というごく短いイメージである。簡潔だが、タロットの『女教皇』のイメージとそっくりではないだろうか。ユングはこのイメージを「アニマ」と同一のものと定義している。アニマとは、ラテン語で「魂」という意味であり、男性の中の女性性を表すとも言われている。

さらにユングは、「階段」というイメージが、霊的世界、あるいは星の世界へと上昇していく秘儀参入を象徴しているとも指摘している。『女教皇』は、心の中の静かな秘密、あなただけの大切な、スピリチュアルな心の動きを表しているのだ。

3 女帝 *The Empress*

これまでのあなたの頑張りが、報われる時が来ている。満足のいく結果や、相応の対価が得られるだろう。今が幸せな人にとっても、満ち足りた環境が維持されることを表す幸福のカードだ。もしあなたが幸せのヒントを求めているのならば、日々の暮らしを見直すとよい。小さな楽しみを数多くつくり出すことが、豊かな生活、豊かな人生につながっていく。一方でこのカードは、誰かを思ってしていることが、その人の自由や幸福を脅かしていることを示すサインでもある。

SYMBOLS of The Empress

A ゆったりとしたローブ・椅子

『女帝』は、ゆるやかなローブを身にまとい、ゆったりとした椅子に座っている。これは、くつろいだ状態にある豊かな精神性を表す。また、自分の身体をゆったりと享受している。

B 星の冠

『女帝』がかぶる冠には、12の星座を象徴するかのような、12の星が装飾されている。12星座は、この世界をとりまいているものでもある。これは彼女が、地上の『女帝』であると同時に、天の女王でもあることを示している。『女帝』は宇宙、また、世界そのものをやさしく抱きしめていることを表しているのだ。

C 豊かな自然

川の流れは、豊かな豊饒の力を表す。ヨーロッパでは、銀河は大いなる母・ヘラの母乳であると考えられた。また大地には豊かな実り（おそらく麦）を見ることができる。

D 王杓

王の権威の象徴。しかし、その杓はバラをかたどっているようでもある。彼女の権威は武力ではなく、他の魅力によって示されるものであることがわかる。

STORY of The Empress

「母」はあなたを包みこむか飲みこむか

ユングの「グレートマザー」

現在のオーソドックスなカードの順序においては、『女帝』の後に『皇帝』のカードがつづく。ルネサンス時代のヴィスコンティ＝スフォルザ版、あるいはマルセーユ系のカードを見ると、この『皇帝』の札にも『女帝』の札にも、鷲《わし》の紋章が登場するのが見てとれる。鷲はローマ時代から一貫して皇帝権の象徴であった。だから、このカードは単純に「女性の権力者」と解釈されても不思議はない。

しかし、よりイマジネーションを豊かにしていくと、そこからはまた別のイメージが浮上してくる。実際の社会の中で、男性と女性は不均衡な構造をもっている。男女同権が当然とされる現代社会においてすら、男性の優位性は厳然として存在するのだから、タロットが成立したルネサンス時代には、何をか言わんや、である。

ところが、そんな時代になるはるか前に、こうした遊びの札から錬金術の図像といった表象の世界においては、「王と王妃」「皇帝と女帝」が同列に扱われているのである。これらを「かつて男女同権の時代があった」などと単純に解釈するのは、まさしくカテゴリーエラーというものであろう。陰陽マークで男性を表す陽と女性を表す陰が同じ面積で描かれているからといって、中国が男女同権の国であった、などと言う人はまさかおられまい。象徴と現実の社会構造は、必ずしも一致しないのだ。

しかし、こうした象徴と現実のギャップが、心理的、象徴的次元において、社会に対応しないものを生み出す衝動の存在を、逆説的に示しているのではないだろうか。タロットに限らず、こうした「大いなる女性」のイメージは世界中で見られる。それは、ユングらが「元型的次元」と呼んだ、内的世界であると考えられると思う。

やさしくも恐ろしい「母」

現代のタロティストの多くは、『女帝』の中にユングが言うところの「グレートマザー」

のようなイメージを見出している。ユングによると、人類の中に普遍的に存在する、母なるもののイメージのことだという。

人は誰しも、誰に教えられることなく、「母なるもの」のイメージを抱く。そしてそれは生身の、現実の母親以上の存在として人に大きな影響を与える。そんなイメージが内在しているなんて信じられない、という声も聞こえてきそうだが、いやいや、ぼくはこの「内なるグレートマザー」の存在をほとんど確信している。

たとえば、ぼくたちがよく見るテレビバラエティーのことを考えてみればよい。人物ドキュメンタリーなどでは、スポーツ選手や芸能人など、成功者の母親にインタビューすることが多い。そこでぼくたちはついつい心を動かされてしまい、画面の前でもらい泣きをしてしまうことさえあるだろう。いや、動物ドキュメンタリーですら、たくみに演出された巣別れのシーンを見て、ぐっと胸に迫るものを感じたりする。

当然ではないか、と言われそうだが、しかしこれ、よく考えれば不思議ではないだろうか。そもそも、なぜ赤の他人の母親の話を見せられて、こちらの心まで大きく動いてしまうのか。あくまでそれは「他人事」にすぎないのに、である。おもしろいと思ったのは、著名人たちの母親を取材するテレビ番組で、そのタイトルがずばり

「グレートマザー物語」と命名されていたことだ。この番組の製作者は、ユング心理学のことを念頭に置いていたのだろうか。

これはユング心理学で言う「内なるグレートマザー」が存在することの、ごく素朴な証拠であるとぼくは考える。ぼくたちが「母」に心動かされるのは、実際の生身の母親に愛情を注がれているからばかりではないのだ。普遍的な母なるもののイメージが存在しているからこそ、たとえ他人の母親であれ、具体的な存在によってそれが刺激されると、強く心動かされるのである。

母親元型の二面性

ユング自身の言葉を聞いてみよう。

「母親元型の特性は「母性」である。すなわち、まさに女性的なものの不思議な権威。理性とはちがう知恵と精神的高さ。慈悲深いもの、保護するもの、成長と豊饒と食物を与えるもの。不思議な変容——再生——の場。助けてくれる本能または衝動」

いかにも、すべてを慈しむ母というイメージである。神話の中では、女神や神の母、時に神の国や天のエルサレム、庭、容器としての花、マリアやデメテルといったやさしい女神として表れるという。ウエイト版にも見られる、ゆったりとしたローブをまとった女性の姿は、特に「大いなる母」にふさわしい。このローブはマタニティ・ウエアにも見えなくない。多くのタロティストがこの女性を「妊婦」として見ているのである。

しかし、「グレートマザー」にはもうひとつの顔がある。ユングは、先に述べたような肯定的な形容につづき、母親元型の性質をこのように列挙する。

「秘密の、隠されたもの、暗闇、深淵、死者の世界、呑み込み、誘惑し、毒をもるもの、恐れをかきたて、逃れられないもの」(『元型論』ユング著、林道義訳、1999年、紀伊國屋書店)

つまるところ、母親元型には二面性があり、ユングはこれらを「やさしく、かつ恐ろしい母」として定式化するのである。母なるものをより深く理解するためには「包みこむもの」とイメージしてみるのがわかりやすい。その中に安心して包まれ、甘えることができれば、そこは一種の楽園である。しかし、そこから巣立ち、脱出、あるいは変化しようとすると、「包み込む」ものは自分を「飲みこむ」ものになってしまう。これが母なるもののプラス面とマイナス面なのだ。

もしこのカードが出て、強く心を動かされたなら、それは、内なるグレートマザーが動いている可能性を示す。あなたはこの世界の心地よさや、暖かさ、めぐみのようなものを十分に感じられるだろうし、保護されていると思えるはずだ。しかし、現状に甘んじてしまったり、楽な方に流されてしまったり、あるいは、ひとところに留まって、次のチャレンジを避けてしまうこともあるかもしれない。

また、「母なるもの」は、あなたの世界においては、実際の母親だとは限らない。会社や兄弟や父親、恋人が「母なるもの」の役を演じることもある。またあなた自身がグレートマザーのイメージを誰かから投影されていることもあるだろう。絶対的な味方だと信頼されているのかもしれない。それは、他にない親密性を生み出すと同時に、甘えも生み出してしまうかもしれない。母なるものの両面を意識していくことが、この札が出た時には必要になるのである。

4
皇帝
The Emperor

物事を遂行する実行力や、白黒つける決断力、グループを率いるリーダーシップなど、社会的な「強さ」が求められるタイミングである。もちろん、他人だけでなく、自分に対しても厳しく振る舞わねばならぬ時。何かに甘えたり頼ったりしたくなる自分を律し、ルールやマナーに従う必要がある。父親的存在を象徴するカードでもあるので、該当する人物との関係に注意した方がいいだろう。逆に、自分が「父親」として君臨し、権力を振りかざしている可能性もある。

SYMBOLS of The Emperor

A 岩山

社会における厳しい現実を示す。そこは一見すると不毛地帯であり「感情」を表す水は存在しない。私情を差しはさむことなく、厳粛に法を適用することを象徴しているように見える。

B 玉座

玉座は大きく、また直線で構成されている。「四角四面」、スクエアなかたちをしている。冷厳に物事を施行していくエネルギーを象徴し、秩序がそこから生まれてくることを表す。

C 牡羊

玉座には、牡羊の頭が刻まれている。これはもちろん、占星術上の牡羊座の象徴である。牡羊座はリーダーシップを表す。さらに牡羊座の支配星は火星であり、リビドーや男性的なエネルギーととれる。

D アンク十字

皇帝がもつ王杓は、言うまでもなく権力の象徴だが、それがエジプトのアンク十字なのが印象的だ。十字の上に円がついているアンクは「生命」の象徴であり、生き生きとした有機的な存在を表すものだ。皇帝の権力の行使は、あくまでも人々の生命に奉仕するべきものであることを表している。

STORY of The Emperor

社会を維持するための「父性」

権力の2つの側面

『女帝』につづく札として『皇帝』が登場する。『女帝』の項で説明したように、もっとも初期のデッキであるヴィスコンティ＝スフォルザ版など、多くのヨーロッパのデッキでは、『女帝』にも『皇帝』にも、鷲の紋章が登場する。ヨーロッパの図像学では、鷲の紋章は皇帝権の象徴なのだ。

ちなみに、『皇帝』につづく5番目のカードは『教皇』だ。中世からルネサンスのヨーロッパでは、『皇帝』は世俗の、『教皇』は精神世界の最高権力者であるとされてきた。伝統的には、「神の代理人」である教皇に、皇帝権を与える権限があるとされてきたのだが、歴史的にはこの権利をめぐって、教皇以上の座につこうとした皇帝もいる。

「叙任権闘争」と呼ばれるものだ。
『皇帝』と『教皇』は、ヨーロッパにおける権力の2つの側面なのである。

社会を維持するためのルール

ウエイト＝スミス系のデッキでは、『皇帝』が岩山を背景にして、牡羊のシンボルが描かれている玉座に座っている。手にはアンク十字をもっているのがわかるだろう。『女帝』と比べてみると、背景も非常に対照的であることがわかる。『女帝』は、豊かな水をたたえた川と、実り豊かな自然がバックになっている。

現代のタロティストの多くは、『女帝』をユング心理学でいう「母なるもの」、グレートマザーの顕現と見ている。それは「豊かさ」や「育み」をもつ、自然の産出力そのものだ。だとする

鷲は伝統的に皇帝権の象徴。現在の合衆国のシンボルにも鷲が採用されている

なら、『皇帝』は「父なるもの」に対応する存在と言えよう。母なるものが抱きしめ、育み、慈しむものだとするなら、「父なるもの」は秩序を与え、厳しく法を管理するものだということになる。厳粛にルールを適用する権力をもち、そこから逸脱するものには懲罰を与える権限がある。また、人間の欲求を制限し、管理する力も表している。

ユングは父なるものについて、このように言う。「父なるものは、精神の顕現であり、純粋な本能に対立するものである」と。

自然状態にある人間は、欲望のままに動くこともある。そこからは暴力や闘争も生まれてくるに違いない。欲望のままに生きていては、社会は維持できない。人は倫理や自己抑制が働くことによって、社会を回すことができる。『皇帝』はそうしてできあがった社会構造そのものを表していると言えるだろう。

人が社会の中で生きるためのルールは、上は司法から下はちょっとした挨拶《あいさつ》のコードに至るまでさまざまだ。タブーもあれば推奨されることもあり、その正邪の基準は時代や文化によって変わることもあるが、社会を維持していくためには、基本的にそうしたルールを順守していくことが必要になる。それらをおいそれと変えてしまっては、社会そのものが不安定になる。「悪法も法である」という精神がここでは生きている。

男性原理と女性原理の間

ここで思い出すのは、ある心理学者が観察した子どもたちの遊びのエピソードである。ある時、子どもたちが野球遊びをしていた。同じ年の子どもではなく、その中には少しお兄さんもいれば幼い子もいた。

彼らは順番に打席に立っていたのだが、年少の子どもはあえなく三振、悔しさのあまりに泣き出してしまった。ここで、ある男の子が「もう1回やらせてあげようよ」と言い出したという。年が下なんだから、ちょっと甘えさせてあげてもいいんじゃないか、というのである。しかしその時、リーダー役の子が毅然とした声で言った。「ダメだよ、ルールはルールなんだから」

おわかりだろうか。ここで行われたささやかなやりとりの中に、タロットの『女帝』の原理と、『皇帝』の原理、そのスタンスの違いをはっきりと見ることができるのである。

「三振したのはまだ小さな子どもなんだから、ちょっとは甘く見てあげてもいいのではないか。そこはやさしくしてあげようよ。慈しみ、保護してあげよう」というのがひとつ前のカードで見た「グレートマザー」、母なるものの原理である。一方で、「いったん、野球ゲームという〝社会〟の中に入ったのだから、公平にゲームを楽しむためにはルールを順守しなければならない。それが社会というものだ」というのが、『皇帝』の札に象徴される父なるものの原理であろう。

どちらがいいというものでもない。これまで日本社会は、「母性」が強かった気がする。昨今話題になった「忖度《そんたく》」というのは、まさにその表れであろう。自分が「親しい」と感じる相手にはひいきをしてもいいということである。抽象的原理よりも情緒的な人間関係が優先されることが多かった。しかし、その反動で、「ルール違反」を盾に融通がきかなかったり、枠から少し外れた人を槍玉に挙げたりすることも出てきた。

硬直化したルールに縛られているばかりでは、社会や世界に進歩や変化は生まれない。先例に縛られているだけではいけないのはもちろんだ。しかし、『皇帝』がないと、混沌が生まれてしまう。つまり、『皇帝』と『女帝』がともに必要、ということなのだ。

また、マージナルなものが新しい未来をつくり出すことを忘れてはならない。おとぎ話の多くが「王様とお妃がいて、子どもを授からないかと願っていました」というパターンではじまることを思い出そう。男性原理と女性原理のあいだには、「子ども」が必要である。

となると、『皇帝』とペアをなすのは『女帝』ばかりではなく、社会の枠から逸脱するトリックスターや子ども(永遠の少年)を表す、『愚者』のカードでもあることが見えてくるだろう。また、後でとりあげる『隠者』もそうした社会から隠遁している存在であり、これもまた『皇帝』と好対照をなすカードであるのだ。

5 教皇 *The Hierophant*

もしも今、何か1人で思い悩んでいることがあるならば、信頼できる誰かにそれを話してみるタイミング。また、その悩みを共有してもいいと思える先輩、師、医者やカウンセラーなどとの出会いを表すカードでもある。その人の存在はきっとあなたの心を支えてくれるだろう。一方で、自分の「価値観」を見つめ直し、必要ならば崩していくべきというサインも出ている。自分が欲しているものは何か、そのために何をすべきなのか、じっくりと考える機会をもつといいだろう。

SYMBOLS of The Hierophant

A 冠

三段重ねになっている冠は、三重冠といって、『教皇』しかかぶることが許されない伝統的な「教皇冠」である。したがって、その冠をかぶっているこのカードの人物こそが、精神的にもっとも高位な存在であることがわかる。

B 三重の十字の杖

こちらも冠と同じく三重になっている。「3」という数字は、キリスト教の三位一体、つまり父と子と聖霊を示しているとも考えられる。

C 祝福のサイン

『教皇』は祝福のサインを示しながら、足下にひざまずく2人の聖職者を祝福し、導いている。

D 2本の柱

『女教皇』のカードと同じく、2本の柱が立っている。ここで、それぞれの柱に向き合うように配置されている、2人の聖職者の衣服に注目したい。1人は情熱や生命を表すバラ、もう1人は純潔や死を表すユリの模様を身にまとっている。教皇が立つのは、その真ん中。2つの対極なものの「中道」を教えてくれる存在だと考えられる。

STORY of The Hierophant

「聖なるもの」＝キリスト教ではない？

精神的な権力と世俗の権力

伝統的に『皇帝』は、この世の世俗の権力を支配する人物だ。対して『教皇』は、精神世界を支配する存在であり、人間社会を「世俗」と「聖」の2つに分ける西洋中世においては、それぞれの頂点にこの2人が立っていることになっていた。

『教皇』と『皇帝』が対照的だとするなら、『女教皇』と『教皇』のあいだにも、ジェンダー上の対称性を見ることができる。本来、タロットはゲーム用として制作されたものであるから、そこに秘教的な意味を過度に読みとることは差し控えるべきである。しかし、ゲーム用だからこそ、人々が無意識に思い出す、人間の思考の中にある二元的なパターンが投影されるという見方もできるのではないか。

世俗の権力である『女帝』『皇帝』の水平軸と、精神的な権力の『女教皇』『教皇』の垂直軸の2つの対称性が、十字を形成する。これは男性的な『魔術師』からスタートし、男女のイメージのシークエンスをつくり出し、変奏されている。ゲームとして生まれたタロットがもともと、そんなふうに考え抜かれて設計されたはずはないのだが、自然にこのような構造が生まれてきたのである。

ぼく自身は、かつての賢者が意図的に、タロットの中に宇宙観を暗号化したとは考えていない。しかし、ぼくたちが何かを自由につくり出す時、ぼくたちは無意識のうちに心の底にあるイメージの構造を配置してしまうのかもしれない。タロットの中にも、素朴だが美しい「野生の思考」のストラクチャーがあると、現代の人類学者なら言うかもしれない。

教皇がThe Popeではないのはなぜか?

このカードの名前は、17世紀、18世紀のヨーロッパ版ではThe Popeとなっているのに対し、20世紀のウエイト版やその影響を受けたデッキではThe Hierophant（ハイエロファント）となっている。耳慣れない言葉だが、どんな意味だろうか。

オカルトの歴史に詳しい方なら、これが19世紀末に英国で結成された「黄金の夜明け」団などの魔術結社で用いられていた役職名であることをご存知かもしれない。タロットにこの名前が取り入れられるようになったのは、まさに19世紀末の「黄金の夜明け」以降のことだ。しかし、この言葉はそれより長い歴史をもっている。古代ギリシャで多くの人を集めた「エレウシスの密儀」という密儀宗教がある。この謎につつまれた宗教における司祭が、同じ名前をもっていたというのである。

また、「ハイエロファント」と聞いて、ルーマニア出身の宗教学者ミルチャ・エリアーデが提唱した「ヒエロファニー」という概念や言葉を思い出される方もいるはずだ。Hiero＝ヒエロ、ハイエロはギリシャ語で「聖なるもの」を表す言葉だ。ヒエロファニーは通常「聖なるものの顕現」と訳されている。いわゆる「ご神木」や「聖なる石」がその典型例だ。聖なる力が、「ある物体」を通して現世に現れていると考えるわけである。「見せる」という意味をもつ「ファニー」。このことから「ハイエロファント」とは「聖なるものを見せるもの」という意味になることがわかる。

20世紀のオカルト的な解釈において、このカードは伝統的なキリスト教のみならず、より広い意味での「聖なるものの媒介者」を示すようになった。最近流行の「スピリチュアル」ともかかわりがある。

近ごろは、アメリカでも特定の宗教をもたないと公言する層が増加している、とCNNのニュースで報じられていた。しかし、それでも何らかの聖なる存在を信じているという人々は多い。「特定の宗教団体や組織には属さないが、聖なるものの存在を信じる」というのは日本人にはわかりやすい考え方だろう。しかし、その時用いる言葉に、「キリスト教の教皇」はふさわしくない。むしろ、宗教の種類を問わないハイエロファントのような存在の方が適しているのだ。

ここで、もう一方の極として『女教皇』を考えてみよう。ヴェールをかけられた女性の姿が描かれており、こちらは「ハイ・プリーステス」とされている。ハイエロファントが聖なるものを「公示」するものであるとするなら、『女教皇』のヴェールは逆にそれを「隠している」、一種の秘教的なものだと解釈できるだろう。

現代的に言うなら、『女教皇』は自分だけの価値観や、秘められたプライベートな哲学、あるいは言語化できない魂の動きであり、『教皇』は公共性をもった精神的価値を示すものだと言うことができる。

ヒーラーや教師の元型

このカードが出た時、タロット占いではしばしば「よきアドバイス」がある、といった解釈がされている。『教皇』は公的な意味で、人生の指針を与えてくれる存在だとも解釈されるからだ。『教皇』という元型的イメージは、現実世界ではさまざまなところに投影され、その姿を見せる。典型的なところでは、僧侶や牧師といった聖職者があてはまるし、他に医師や教師といった人たちにも、ぼくたちは『教皇』の姿を重ねて見てしまう。宗教者ではなくとも、医師や教師が「聖職」についていると言われてきたことが、このことを端的に語っているだろう。そして、この中にはいわゆる占い師やカウンセラーも含まれる。

あたり前だが、医師も生身の人間にすぎない。しかし、ぼくたちの多くは「患者」として医師の前に立つと、とたんに緊張するし、その医師がすぐにでも自分の病を癒《い》やしてくれるのではないかと期待してしまう。古代の社会において病を癒やすのは、神官や神の代理人の仕事であったことを思い出そう。イエスもそもそも歴史的には「治癒神」としての性質を強くもっていたし、日本でも「薬師如来」などの存在が親しまれているように、治療は神的な行為でもあったのだ。ぼくたちはもちろん、医学は宗教ではなく科学であることを知っているが、今もなお、医師たちには内なる『教皇』の姿を見てしまうし、そのため初対面の医師も信頼することができるのである。多かれ少なかれ教師などもそうだろう。だからこそ、医師や教師などの場合には小さなミスや失敗が大きな失望や怒りをもたらすことにもつながる。

ユング心理学では「傷ついた治療者」（ウンデッド・ヒーラー）という概念が知られている。ヒーラーなど「師」と呼ばれる存在と、患者などの傷ついた、あるいは悩めるものは、本来、ひとつの存在だが、それが一時分かれて「ヒーラー」と「患者」になる。医師は自分自身の痛みや傷を相手に投影し相手と共感する。一方患者は内なる治癒力を投影して相手を信頼し、これがきっかけで治療プロセスがはじまる。初めはよいが、元型がそのまま分裂しっぱなしになると、患者は永遠に患者で、癒やし手はいつまでも患者相手に全能の神を演じることになりかねない。本当に必要なのは、弱っている側が内なる『教皇』を目覚めさせていくことなのではないだろうか。

6 恋人 *The Lovers*

どうしようもなく心がときめいてしまう「何か」との出会いを予見している。それはカードの名前通り、愛情を注ぎたいと思う人かもしれないし、自分の人生をかけてもいいと思える仕事や生き方かもしれない。その出会いによってあなた自身も大きく変化していくこととなる。普段は合理的なものの考え方をする人も、感情が大きく揺さぶられる自分に気がつき、戸惑うことだろう。損得を問わず、心のままに楽しい方へと動き出すことの「よろこび」を知る時期なのだ。

SYMBOLS of The Lovers

A 天使

ウエイト系デッキにおいては、この大天使は癒やしの天使であるラファエルであるとされている。愛の狂気を緩和し、癒やしている。

B 蛇

蛇は知識の象徴である。聖書において、最初の女性であるイブは、蛇にそそのかされて知恵の実を食べた。それは誘惑であると同時に、「知りたい」と願う好奇心を刺激する存在であったのだ。

C 生命の木と知識の木

カードには2本の木が描かれる。男性側にある、炎のような12枚の葉をつけた木は生命の木であり、女性側にある蛇が巻きついている木は禁断の知識の木だ。なぜこの配置になったのかは、男性と女性の視線に注目して考えてみてほしい。

D 視線

アメリカで著名なタロット家のイーデン・グレイらの意見では、男性は女性を見ており、女性は天使を見上げているといわれる。これは低い意識（男性）から高次の意識（女性）へ、そこからさらに超越的な意識（天使）へとつながっていくことを示しているというのである。まさに「エロス」を表している構図だと言える。エロスとは本来、自分よりも高いものへの憧れのことを言うのだ。

STORY of The Lovers

人間を突き動かすクピドの矢

『恋人』は2人ではなく3人が描かれている？

タロット占いの永遠のテーマは、なんといっても恋占い。携帯やネットの占い企画では、「あの人の心は私に向いていますか」といったものが不動の人気なのだが、そういう占いをする時にこのカードが出たら、クライアントは飛び上がらんばかりによろこぶはずだ。ウエイト系のデッキでは、無垢《むく》な恋人たちを天使が祝福している様子が描かれているのだから。よほどひねくれた人でもないかぎり、このカードのイメージから幸福な愛の成就を読みとらない人はいないだろう。

しかし、このよろこびに満ちたイメージを完成させたウエイト＝スミス版の構図が、初めて世に出たのは1910年。100年ちょっと前のことだ。それ以前、このカードは長らく、少し違う構図であった。伝統的なヨーロッパのマルセーユ系のデッキでは、愛の少年神クピドの下に、2人ではなく、3人の人物が描かれているのだ。中央には男性と思しき人物がいて、その横には2人の女性がいる。ここに『恋人』だとか「愛」というタイトルがつけられているのであれば、これは三角関係ではないか。恋占いにおいて、手放しでよろこべないカードになってしまう。しかも、さらに前の15世紀のカード（ヴィスコンティ＝スフォルザ版など）を見ると、そこには結婚式の様子が描かれていて、カードにおける結婚のイメージが強調されている。

いったい、これはどういうことなのだろうか。マルセーユ系のカードを使う時には、複雑で錯綜した恋愛関係、ウエイト＝スミス系のデッキを使う時には、純粋な愛の成就、と考えればいいのか。あるいは、そこには一貫した流れがあるのだろうか。

何度も述べていることであるが、現代の実証的な研究において、タロットは占いやオカルト的な目的のためにつくられたのではないことがわかっている。最初はもっぱらゲーム用として発明されたというのが、研究者のあいだでのコンセンサスになっているのだ。しかし逆に言えば、そうした図柄の中に、創造的かつ意図的な「誤読」「深読み」をほどこしていくことによって、人間の深層意識にまで踏みこんでいくこともまた許されるはずである。

伝統的なマルセーユ系のデッキ、そしてついでに言うなら、18世紀終盤以降のタロット＝エジプト起源説に立脚した「エジプト風」デッキにおいては、3人の人物が現れる。このカードの意味は「選択」とされてきた。1人の男性が、2人のうちから1人の女性を選ぶということだ。またおもしろいことに、別のデッキでは女性が男性を選んでいるように見えるものもある。これも時代を先取りしているというふうにも見えるのだろうか。

『恋人』と『悪魔』

恋というのは不思議である。1人の人を、意識的か無意識的かにかかわらず、たくさんの人々の中から選び出し、かけがえのない人とみなしてしまうのだ。

現代の科学では、その選択のプロセスをフェロモンのせいにしたり、進化生物学的に有利な子孫を残すための、本能的なプログラムのせいにしたりするのかもしれない。しかし古来の人は、その誘因力をクピド（英語読みではキューピッド）の矢としてイメージしてきたのだ。

愛は自分の決定でありながら、自分ではどうしようもない衝動に突き動かされて進展していく。だからこそ、それはさまざまな悲喜劇を引き起こす。

かつては、媚薬によって起こる酩酊状態を「ロマンス」と考える文学的伝統もあったわけだが、それはまさに、『恋人』のカードに描かれた愛の炎の矢をもつクピド、つまり、『恋人』を「選択」する力になっていることを表しているのだろう。

愛の矢に射られた者は、ウエイト＝スミス版に見られるような愛の園に入っていく。一糸まとわぬカップルが描かれるこのカードは、堕落以前のアダムとイブだと解釈されることが多いが、それはつまり、誰かまうことなく愛を謳歌しているということだろう。もし、このカードに一貫したイメージがあるとするなら、それは自我を超えたところから働きかけてくる運命的な恋や愛ということになるのではないか。

一方で、愛はネガティブな側面ももっている。ウエイトは、そんな愛の否定的な側面をよく理解していたのだと思う。よく言われていることだが、ウエイト＝スミス版の『恋人』は、伝統的な『悪魔』のカードを下敷きにしているといってもいい。『悪魔』では、大悪魔のもとに2人の（あるいは2匹の、だろうか）男女の小悪魔が鎖でつながれている。この構図は、画面上部に大天使がいて、その下に裸の男女が描かれる、ウエイト系の『恋人』とよく似ている。愛という甘い狂気は、悪魔の業と鏡像関係になっていると言ってもいいかもしれない。

『悪魔』にあてられたナンバー15を、数秘術的に分解して足し合わせると、1＋5＝6、つまり「恋人」のナンバーになる……とは、日本にタロットを普及させた辛島宣夫氏のご指摘でもあった。想像がすぎると言えばそれまでだが、このようなイマジネーションの飛翔もまた、タロットを見る時のおもしろさのひとつであろう。

恋をするのか、恋に落ちるのか

人生は選択の連続である。日々、ぼくたちは選択を積み重ねている。そのことに疑いはない。しかし、この選択のプロセスがどのように起こっているかを考えると、これは案外、不思議なことだと気がつく。

恋もそうだけれど、日々の選択の理由というのは、合理的な根拠がないことの方が圧倒的に多いのではないだろうか。自分では合理的に行動を決定しているように思っていても、冷静になってみると、後づけでいろんな理由をつけていることの方が多い（実際、脳科学的な実験でもこのことは言われているらしい）。

わかりやすいたとえでは、のどの渇いたロバ、という思考実験の話がよく出てくる。あるところに、のどが渇いたロバが1頭いるとする。付近には、水の入った2つの桶が置かれている。その桶はロバを中心に対称の方角、等距離のところにあり、中には同じ量の水が入っている。そしてこのロバは超合理的な思考をする脳をもっている。もっとも的確で合理的な行動をとるようにプログラムされているのである。すると、ロバはどうなるか。最短に最大の水を得ることができるのはどちらかといえば、同じ条件なのであるから選択のしようはない。そこで一歩も動くことができず、そのまま干からびてしまった、というブラックジョークである。

むろんこれは極論だけれど、逆に条件が複雑すぎる場合にも、本来、合理的な選択はできない。それでもぼくたちが何らかの決断をしているのは、天使の矢がぼくたちを突き動かしてくれているからだとも言えるのではないか。たとえそれが不合理で小さな狂気だとしても。

『恋人』の札は、そんなあなたを導く、直感や衝動の力を表しているように見える。

7 戦車 *The Chariot*

このカードが出たら、少し安心してもよさそうだ。あなたは自分や、自分の人生の舵をしっかりと取り、目標に向かって進んでいくことができる。強い意志の力を動力源に、試練を乗り越えていけるだろう。他人の言葉や世間体など、無責任な周囲に流されることもなさそうだ。やりたいことがあるにもかかわらず、それを躊躇しているのならば、今すぐ実行に移してみよう。一方、これまでやりたいことを存分にやってきた人は、それがひとまずの結果を生み出してくれそうだ。

SYMBOLS of The Chariot

A 星の冠

星は高い理想、あるいは自分自身の目標を見失わずにもっていることを表している。

B 天蓋

星が描かれた天蓋は、コスモス（宇宙）を象徴しているように見える。現代人は、自らの宇宙、つまり、自分の世界観を見失っていることが多いが、この戦車の王子はしっかりと自分自身の世界をもっているということなのだろう。

C 2頭のスフィンクス

陰と陽を象徴する。そして、そのバランスがしっかりとキープできている。またスフィンクスは「人生の謎」を象徴するもの。人生を深く考えるならば、善と悪の両者をともに受け入れるのが必要なことを示している。

D 肩の月

月も二面性を象徴している。満ちる三日月と欠ける三日月だろうか。表情の違いに注目してほしい。両者とも人間の顔をしているが、一方は微笑んでいるように見え、もう一方はしかめつらをしているように見える。これも二元性を象徴しているように感じられる。

STORY of The Chariot

中道を探りながら正しい道を行く

戦車はパレード用の山車だった

『戦車』のカードはぼくにとって、とても思い出深いものである。初めてぼくが手にした本格的なタロットは、辛島宣夫氏の『プチタロット　恋の十字架占い』（1979年、二見書房）という本のキットだった。78枚フルカラーのタロットと解説書がセットになっている、豪華な造りのもので、初版は1979年である。当時11歳のぼくは、美しく神秘的な絵柄に夢中になったものだ。

最初にカードを引いてみた時、現れたのは『戦車』であった。初め、ぼくはこのカードを見てとても嫌な気持ちになった。『戦車』という言葉から、戦乱や争いを意味するのではないかと思ったのだ。しかし解説を読むと、そこには勝利だとか成功といったポジティブな意味がつけられていて、子どもながらに混乱した。タロットには、すぐにはわからないような深い意味があるのではないか。きちんと勉強しなければならないのではないか……と思いこんでしまったのである。

実はこれは、単純な誤解であったのだ。

『戦車』＝chariotは、戦争用の戦車ではない。ヴィスコンティ系のデッキでもマルセーユ系、あるいはウエイト系のものでも、描かれているのは装甲車ではなく、天蓋つきベッドに車輪がついたような、戦闘には不向きな乗り物だ。ヴィスコンティ＝スフォルザ版では、貴族の女性のような姿が描かれている。多くの研究家たちが指摘するところでは、これは祝祭などで行われるパレードの山車《だし》なのである。タロットが誕生したルネサンス期のイタリアでは、貴族たちが古代ローマ時代の貴族をまねて、戦勝を祝ったり、あるいは権力を誇示したりするためのパレードを行っていた。ぼくが最初に手にした件《くだん》の日本製のタロットの『戦車』には、全身を鎧《よろい》で包んだ人物が乗っていた。これは作者が、『戦車』という言葉をそのままの意味に受けとり、解釈してしまったということだろう。

この凱旋の伝統は文学にも表れていて、最初の人文主義者と呼ばれるペトラルカのアレゴリカルな叙事詩『凱旋』(trionfi＝トリオンフィ)は、まさにその典型であった。トリオンフィという言葉は英語の勝利(トライアンフ)とつながっており、切り札＝トランプという言葉にもなっていくのである。『凱旋』の中では、愛や死、永遠、名声といった抽象的な概念が擬人化、寓意化され、山車に乗せられて行進をしていた。ついでに言うと、実はタロット(Tarot)という言葉も、その語源はいまだ解明されていないのだが、切り札という言葉にも通じるこのトリオンフィという言葉と関係があるという説が有力視されているのである。

さらに、ガートルード・モークレイという人物が、タロットの絵札のモチーフも、『凱旋』のパレードにルーツがあるのではないかという説を出し、これが20世紀に入ってからのタロット研究の大きな転換点となったこともつけ加えておこう(ただし、現在ではこの説はそのままでは受容されていない。ペトラルカの『凱旋』とタロットに共通するモチーフが多いのはその通りであり、この2つは無関係ではない。しかし、それだけにタロットのイメージの起源のすべてを求めるのは無理がある。むしろ、タロットと『凱旋』が、抽象的概念を寓意像として図案化させていく「ルネサンスの伝統」という、同じ水脈から生み出されてきた2つの潮流だと考える方が正確だろう)。

プラトンが描く二元性との類似

ウエイト系のデッキの『戦車』を見てみよう。4本の柱に囲まれ、天蓋のついた『戦車』に若い王が乗っている。『戦車』の土台は堅牢な立方体で、よく見ると下には車輪が見える。戦車を引いているのは、2頭のスフィンクスだ。1頭が白く、もう1頭が黒い。このスフィンクスは19世紀に活躍した「近代魔術の父」エリファス・レヴィがその著書に描いた戦車の絵柄に由来する。マルセーユ系のデッキでも、描かれているのは2頭立ての馬車である。

西洋の伝統に親しんでいる人なら、この「2頭立ての馬車」というイメージから、すぐさまプラトンを思い出すことになるだろう。人間の魂を2頭立ての馬車にたとえている、有名な個所である。『パイドロス』から、引用してみよう。

……そこで、魂の似すがたを、翼を持った一組の馬と、その手綱をとる翼を持った馭者とが、一体になってはたらく力であるというふうに、思いうかべよう。（中略）

……われわれ人間の場合、まず第一に、馭者が手綱をとるのは二頭の馬であること、しかもつぎに、彼の一頭の馬のほうは、資質も血すじも、美しく善い馬であるけれども、もう一頭のほうは、資質も血すじも、これと反対の性格であること、これらの理由によって、われわれ人間にあっては、馭者の仕事はどうしても困難となり、厄介なものとならざるをえないのである『パイドロス』（プラトン全集5、藤沢令夫訳、2005年、岩波書店）

もちろん、これが『戦車』イメージの起源、というわけではない。しかし、両者のモチーフが共通しているということは、ぼくたちの心の中に、人間とは「黒い方向」と「白い方向」に引き裂かれつつ、バランスをとって動いていこうとする生き物であるという元型が存在し、自然にわき上がってきているということではないだろうか。

さらに、『戦車』の基盤にあたる部分には、コマのような模様が描かれている。インドの性的シンボルである「リンガ」と「ヨニ」（男性器と女性器）ではないかという説もあるが、ぼくには、コマそのものであるようにも見える。回転しつつ、バランスを取りながら立つ様子が、人生のありようを表しているように思えるのだ。

または、運命の糸を紡ぎ出すと言われている宇宙の紡錘、紡ぎ車のように見えなくもない。天蓋には星の模様が、そして戦車を駆る王子の冠にも星が見える。これはおそらく、高い理想に向かって動いている、ということではないだろうか。

勝利と正しい道を選ぶ自信

このカードは戦乱や戦いを表すものではない。むしろ、この車が進む道はすでに決められていて、行き先には人々の喝采が待っている。このカードは戦いそのものではなく、正しい選択をした後の自信や、正しい道を進んでいるという感覚を表しているように見える。英語で言うところのRight Trackに乗っているということだろう。

とはいえ、それは「2頭の馬」を上手に操るという絶妙なバランスの上に乗っていることを忘れてはならない。情《ハート》と知《マインド》、強さとやさしさ、義理と人情といったもののバランスをとっていくことが必要なのだ。

8 力 *Strength*

真の強さとは何かをわれわれに伝え、またそれらが求められていることを暗示するカードである。怒りや衝動など、他人を制圧しかねない『力』は制御して、相手を受け入れる強さや、困難に屈しない強さなど、外からはわからない『力』を発揮していく必要がある。イメージしてほしいのは、外見は穏やかで柔らかいのに、芯が強く、精神的に安定している人物だ。そういう人とのかかわりが生まれる可能性もあるし、あなた自身がそのような人になる前触れかもしれない。

SYMBOLS of Strength

A 頭の上の無限大のマーク

女性の頭上にあるのは、「無限」を表す数学記号、レムニスカートだ。しかしこの記号、実は、タロットが誕生したころには存在していない記号だった。『力』のカードにこの記号が描かれるようになったのは近代に入ってからで、言うなればこじつけだ。けれどそのこじつけこそが、われわれのイマジネーションに深みを与えてくれるのである。

B ライオン

百獣の王であるライオンは、自信や誇り、そして内なる生命力の表れであると言える。

C 花輪の鎖

ライオンを縛るのは、美しく可憐な花輪だ。その気になれば、簡単に引きちぎることができる。しかし、ライオンは逃げ出すそぶりを見せようとしない。これは、ライオンが自ら望んで彼女に服従していることを表している。支配されることによろこびすら感じていると言えるだろう。同じ「鎖」で支配されている『悪魔』のカードと比較してみよう。

D 女性

暴力的な『力』ではなく、心から心へと訴えかける、精神的な『力』を表す存在だ。「北風と太陽」の太陽を思い出してみてほしい。

STORY of Strength

自らが内包する「ビースト」としての自分

『力』と『正義』の順序

ここで紹介するカードは『力』である。そう、『力』なのだが、実は『戦車』の次にどのカードを取り上げるか、けっこう迷ってしまった。というのも、デッキによって『戦車』につづくカードが『正義』になっているものと『力』になっているものの2種類があるからだ。

『力』か『正義』か。まるでテレビ講義のようなタイトルになってしまったが、このことはこれまで多くの方から質問されてきた。「私のもっているカードでは『力』は11番になっているのですが、解説書と違うのです。どちらが正しいのですか?」とか「なぜこんなふうに2つのパターンがあるのですか」とかである。

どうしてこのような2つの流派に分かれてしまったのか、ここで解説しておこう。

実は、現存するもっとも古いデッキには、カードに番号が書きこまれていない。実際の順序はわからないというのが正直なところなのだ。しかしここで、タロットは本来ゲーム用のカードだったということを思い出そう。ゲームでは、カード1枚1枚につけられている数価や順序はとても重要なものだ。数字によって定められる「強さ」がゲームの勝敗を左右する。おそらくかつての人々は、カードにあえて番号を振らずとも、順序を覚えていたのであろう（タロット「本来の」順序を示す資料は極めて少ない。15世紀に残されたタロットらしきものを歌う詩にそのヒントがあるのみである）。

18世紀以降、大陸で流通したマルセーユ系のデッキでは、8の番号を振られたカードは『正義』だった。この順序に大胆な改変を与えたのが、19世紀末英国の魔術結社「黄金の夜明け」団である。「黄金の夜明け」では、魔術哲学を構築するために、ユダヤ教神秘主義における「カバラの宇宙図」である生命の樹を使用していた。当然、タロットもその中に組みこまれた。

彼らはタロットの大アルカナを、生命の樹を構成する22本のパス（径）に紐づけることにした。しかし、ここで問題が発生する。22本のパスには、タロットよりも前に、西洋における中核的なシンボル体系、占星術が割りあてられていた。両者をそのまま順序どおりに配当すると、「獅子座」には『正義』が、「天秤座」には『力』が対応することになってしまう。ライオンが登場する『力』が獅子座にあたらず、天秤をもつ『正義』が天秤座にあたらないのはどう考えても不自然だ……ということで、「黄金の夜明け」団は大胆にも、『正義』と『力』のカードの位置を入れ替えてしまったのである。アーサー・ウエイトは一時、「黄金の夜明け」のリーダーであり、この教義をよく知っていた。そして、自らのデッキの8番目のカードを『力』としたのだった。

このような経緯で伝統的なマルセーユ系が8番『正義』、ウエイト系が8番『力』という2つの流れが登場した、というわけである。さきほども述べたように、この順序の混乱には、「力か正義か」といった命題が表れている。それは、力とは何か、正義とは何か、という問いにつながっているような気もするのだ。

獰猛なライオンが表す『力』とは？

タロットの中には『正義』や『節制』などといった伝統的な美徳を擬人化し、寓意画として入れこんだものが多い。『力』はその代表格である。伝統的なタロットでは、女性が獰猛《どうもう》なライオンを懐柔しているように見える絵が描かれている。ただ、伝統的な寓意では、『力』を表すのは、獅子の皮をまとう女性、あるいは柱の横に立つ女性であって、獅子を懐柔している姿ではないのだ。タロットの『力』の寓意画はかなり独自なものなのである。

では、この構図はどこから来たのであろうか。一説では聖書に登場する英雄、サムソンを描いたものだとされている。サムソンは怪力の持ち主なのだが、その力の秘密は髪にある。そのため絵画では、サムソンは長髪の男性として描かれることが多かった。ところが後世の絵師たちは、その髪からサムソンを女性と見誤り、このような女性とライオンの構図を生んだのではないかというのである。

また、伝説の生物、ユニコーンにまつわる伝承には、たおやかな処女こそが、荒ぶる獣をおとなしくさせることができるという伝統も存在する。このようなイメージが重なり合って、タロットの『力』になっていったのではないだろうか。

ライオンは、人が内包する獣的な側面を象徴していると考えられる。しかしそれは、文明社会を生きる我々が一般的に思い浮かべるような、単純な悪ではないだろう。

人間の欲望は、生命力そのものでもある。したがって、それを単に悪とみなすことなく、受け入れ、受容する必要があるのだ。人の本当の『力』とは、そうして初めて出てくるものではないだろうか。

内なる力の解放

さらにイメージを広げていってみよう。この「ライオン」は何だろうか。ライオンは、「ビースト」、荒々しい野獣でもあるけれど、一方では、百獣の王でもあり、王家のシンボルでもあった。占星術の世界では、当然、獅子座を象徴し、その支配星は太陽だ。さらに錬金術の世界では、獅子は錬金術の最終目標である黄金そのものを象徴することもある。心理学的に言えば、それは単に野蛮な『力』ではなく、「本来の自分」を象徴する、大いなるセルフを表していると解釈することもできるのである。

しかし、この社会の中では「空気を読む」ことが求められるなど、本来の自分でいることはなかなか難しい。自分が自分でいることは実は「勇気」（『力』）がいるのである。かといって、反抗期の10代のように、世間に対して単に抗《あらが》うだけでは、本来の自分を実現することはできないだろう。

　自分とは、自分が認めたくないと思っている面も含めた、「全体的」な存在である。それは恐ろしいビーストのようにも見える時がある。あるいは社会の中では生きにくいものだと感じることもある。けれど、それも含めて自らの内なる可能性だと受け入れて、そこにこの札のように祝福の花輪をかけることができれば、より充足した人生の展望が開けてくるはずである。

　また、このカードが出た時には、自分だけではなく、誰か他の人の荒々しかったり、コントロールしにくかったりする面も受容していくことができる、あるいは懐柔していくことができそうなことを示しているように見える。

「北風と太陽」の物語や「柔よく剛を制す」という言葉がこのカードを見ていると浮かんでくる。

9 隠者 *The Hermit*

このカードを引いた時、あなたに必要なのは「孤独」だ。最近、1人でじっくりと物事を考えることはあるだろうか。他者の声に惑わされ、自分が本当に進むべき道が見えなくなっていないだろうか。より高いステージへ上るためには、そこへたどりつくまでの道すじを考えたり、助走をする時間が必要となる。外からは止まっているように見えても、内側では着実に力を蓄えているのだ。逆に、これまで自分の考えに固執してきた人にとっては、柔軟な心を取り戻すタイミングである。

SYMBOLS of The Hermit

A マント

マントはもともと、大きな布で体を包みこむように身を守ったり、隠したりするための衣服だった。『隠者』のマントは、世間の常識や考えから身を守り、隔絶するバリアとしての役割をはたすのである。

B 杖

強い意志や、忍耐力を表すアイテムである。しんどい時、杖をついてでも前に進もうという気持ちが、困難を乗り越えるためには欠かせない。

C ランプ

ランプの光は、「意識」や「知性」の表れである。老人は決して、暗闇の中をやみくもに動いているわけではない。孤高の道を照らすひとすじの光を頼りに、自ら悩み、考えながら、前へと進んでいるのである。

D 老人

ユング心理学における元型のひとつ、「セネックス（老賢者）」を連想させる。セネックスがよい方へ働けば、老人的な落ち着きや思慮深さ、知性を発揮することができる。しかし悪い方に出ると、自らの枠を崩すことができない意固地さが目立つことになる。

STORY of The Hermit

老人は「賢者」か、意固地な高齢者か

ひとりぼっち恐怖症？

荒涼とした連峰の上に、マントに身を包んだ老人が1人立っている。手には杖、そしてランプをもっているのがわかる。ランプの火は、陰と陽の結合を示すヘキサグラム（三角形を2つ重ねた六芒星《ろくぼうせい》）のかたちをしている。これは孤高の賢者、ないし探究者を象徴しているのではないだろうか。

このカードを見て皆さんはどう感じられるだろうか。また、『隠者』＝Hermitという言葉から何を連想するだろう。他の人に煩わされることなく、自分の道を自由に進んでいく人？　あるいは、ひとりぼっちで寂しい人生を送っている人？　このカードをポジティブに見るのか、ネガティブに見るのかで、あなたの心理状態がわかりそうな気がする。

現代社会は、「ひとりぼっち恐怖症」にかかっているのかもしれない。このカードを見て思い出すのは、学生時代に1人で東京に出てきた時のことだ。年がばれてしまうが、当時は携帯電話もネットもない時代。あるのは留守番電話機能つきの電話機だけだった。

テレビはいらないと思っていたのだが、家族が「テレビがないと寂しくなっちゃうから」ともたせてくれた。すると1人暮らしだから、必然的にテレビを見る時間が長くなってしまった。電話をする時間も相当に長かったのではないかと思う。「1人暮らし」のはずが、実はまったく「1人」ではない状況をつくっていたというわけである。

現在、その状況はさらに加速している。現代社会でネットを接続しない、携帯電話をもたないで歩くというのは、ちょっと勇気のいることではないだろうか。

1人になれない時代の「隠者」

ある有名な学者の先生、そして作家の先生は携帯をおもちではないということだが、ぼくなどがそんなことをしたら、仕事関係者たちにたちまち叱られそうだ。ツイッターでつぶやくのも好きだし、それに対する皆さんからの反応も楽しみにしている。

少し前までは、イギリスへ行く時に連絡が滞ることもあったが、いまやＷｉ－Ｆｉのおかげで、携帯電話も普通につながってしまう。さらにＬＩＮＥやスカイプを使えば、料金をほとんど気にしなくてもすむ。

そう、ぼくたちは「コネクト」されているのである。そんな時代の中で『隠者』の札が伝えていることは何だろう。たくさんの情報や声が、この空間を飛び交っている。それに反応しているあいだは、少なくとも退屈しなくてすむし、自分自身と向かい合う必要もないのかもしれない。

しかし、その昔の『隠者』たちがあえて出家し、故郷を離れ、人里を離れて砂漠や山頂に出かけたのは、ひたすらに自分自身、あるいは神と向かい合おうとするためであった。

彼らははたして「孤独」だったのだろうか。孤独を文字通りにとらえればそうかもしれない。しかし、その中でこそ、真の自分自身や神と出会うことができたのだとするなら、雑多な群衆の中で孤独になりがちな多くの現代人よりは、ずっと孤独ではなかった、ということもできるかもしれない。

この強迫的なつながり社会の中においては、時に強い意志の力をもって、あえてさまざまな接続を一時断ち切ることも必要かもしれない。もしこのカードが出たら、思い切って休みを取って、まる1日、あるいは数日、さまざまなチャンネルをオフにしてみる、というのはいかがだろうか。

「隠者」ではなく「時」のカードがあった！

実は、現存するもっとも古いヴィスコンティ＝スフォルザ版のデッキの中に、『隠者』のカードは見あたらない。しかし、同じような構図をもっているカードは含まれている。そのカードの名称は「時」。老人が杖をつき、1人で歩いている様子は、『隠者』とさほど変わらない。

しかし、よく見ると大きな違いがひとつある。この人物がもっているモノは、砂時計なのである。図像学的にこのモチーフは、時間そのものを擬人化、寓意化したも

隠者は古くは時の翁としてイメージされた。時間や老齢を擬人化した寓意である

のであり、「時の翁《おきな》」と呼ばれている。ヨーロッパでは頻繁に登場するものなのだ。

　おそらくこの砂時計が見間違えられ、『隠者』に描かれているようなランタンになった……というようなことも、歴史の中では起こったのであろう。このイメージは「セネックス＝老人」とも呼ばれる。ポジティブにとらえれば経験値を積んだ賢者であるが、マイナスに考えると、新しい可能性を摘み取る恐ろしい存在ということにもなる。

　このカードが出たら、現在自分の周辺ではどちらの側面が出ているのか、考えてみることが必要だろう。時はすべての人に平等に降りかかってくる。最初は『愚者』のような若者だった人間もいつしか老人になっていく。この「老い」はどんな意味をもつのであろう。

　よく、年をとると人は「丸く」なるという。しかし、実際はなかなかそううまくはいかない。だんだん気難しくなることもあるし、新しいものは受け入れにくくなっていく。体とおなじく心も硬直化していくことが多い。こうなると、人は「孤独」になっていく。年はとりたくない。だからこそ人は不死とともに「不老」を願ってきたのである。

この「老い」に対して、大胆な見直しをしたのが、ユング派の心理学者、故ジェイムズ・ヒルマンである。

拙訳『老いることでわかる性格の力』（ジェイムズ・ヒルマン著、鏡リュウジ訳、2000年、河出書房新社）の中で彼は老いの元型的な意味を解釈しているが、ヒルマンによれば、老いは人を丸くするのではなく、むしろもともともっているキャラクター（性格）を強調し、本人がもつ魂をよりあらわにするというのである。

『隠者』はもしかすると、1人になることで表れてくる、世間的な常識も通じない、赤裸々な魂ということもあるかもしれない。

10 運命の輪

Wheel of Fortune

自分のあずかり知らないところで、物事が動いたり、流れが変化したりする予兆がある。大きな変化の前には必ず、小さな変化があるはずだから、それを見逃さないことが大切だ。もしそれがアクシデントの前触れだったとしても、焦ってはいけない。淡々と対処していけばいい。大きな幸運の波が押し寄せたのなら、迷わずに乗ろう。躊躇していては好機を逃してしまう。また、自分でも思いも寄らない、あなた自身の感情や価値観の変化を表している可能性もある。

SYMBOLS of Wheel of Fortune

A 四隅の動物と書物

聖書の図像学に通じた方であれば、この図像は旧約聖書の「エゼキエル書」に登場する4つの聖なる生きもの（テトラモルフ）であることがわかるだろう。手にした書物は、聖書の福音書である。

B 外円に描かれるTARO

タロットと読むことも、回転を意味するローターと読むことも、律法を意味するトーラーとも読むこともできる。また、TAROの合間に描かれた文字は、ヘブライ文字の「ヨッド」「ヘー」「ヴァウ」「ヘー」だ。これはテトラグラマトンと呼ばれる、発音不能な聖書の唯一の神の名前とされている。カバラにおいて最高に神聖なものとされる。

C 内円の記号

12時の位置:水銀、3時の位置:硫黄、6時の位置:水、9時の位置:塩の錬金術記号。この世界を構成する重要な要素のすべてだ。

D 車輪

反発するものさえなければ、理論上は永久に回転することができる車輪は、光と影、生命と死など、永遠につづく運動を表している。また、単に運命を紡ぎ出す車輪を表すこともある。

STORY of Wheel of Fortune

『運命の輪』に従うか、立ち向かうのか

逆らえないのが運命？

このカードがちょうど、大アルカナの中間地点あたりに置かれているのは（21枚プラス『愚者』を考えると、まさに真ん中のおりかえし地点）、まったくの偶然のはずだ。しかし、最初はギャンブル、のちに占いにかかわるようになっていくタロットにおいては、この札がその「中心」に位置していること自体が、ある種の「運命的な偶然」であるように思えてくる。

だってそうでしょう？　ギャンブルとはまさに、運に大きく左右されるものなのだし、占いはそもそも、運命を読み解こうとする技術なのだから。オカルト、エソテリズム好きの方なら、ここからさまざまな解釈を展開していくことができるだろう。

しかし、本来のイメージは『運命の輪』である。ややこしいシンボルを無理に使わずとも、その根本には「変転する運命」あるいは「車輪に縛りつけられ、こちらの努力とは関係なく動かされる人生」などといった、回転する輪と運命のイメージの結びつきがある。

その起源は、タロットよりもはるか昔。『運命の輪』というモチーフの発生は、ローマ時代にさかのぼる。有名なところでは、ローマ時代の哲学者、ボエティウスの著書『哲学の慰め』（ボエティウス、1938年、岩波書店）にもこのモチーフが登場している。ボエティウスの著作には、このようにある。

〈お前は幸運の女神に身の支配をまかせたのだ。お前は彼女（幸運、運命の女神）の習性に従わなければならない。それなのにお前は、廻りつつある車輪の進行を止めようというのか〉

つまり、人間は決して運命の力には逆らうことができず、それを受容して生きることが是である、とされている。運命を粛々と受け入れること、その中で心を平穏に保つことが重要だというのだ。

13世紀にはもう、車輪を回す運命の女神の図像を見ることができるのだが、15世紀のヴィスコンティ＝スフォルザ版のタロットには、その図像が見事に表現されている。運命の車輪に乗って、4人の人物が昇降する。子細に見ると、そこに描かれる人物には、ラテン語の標語が付加されている。「私は支配するであろう」「私は支配する」「私は支配した」「私は支配権をもたない」。4つの時制で人生の栄枯盛衰を示しているのである。

3人1組の運命の女神とは？

ローマ時代に信仰されていた、運命の女神であるフォルトゥナは気まぐれで、人間の人生は彼女に大きく支配されると考えられていた。

しかし、運命の支配者としての女神の存在は、実は古いギリシャの大女神にまでさかのぼる。「モイラ」という3人1組の女神がそれだ。モイラは最古の神々でもあり、運命の糸を紡いでいる。1人が糸を紡ぎ、もう1人がそれを測り、最後の1人がそれを切る。こうして人間の命の長さを定めているのである。また糸を紡ぎ出す車輪は、この宇宙のすべての因縁のネットワークを生み出している、とも言えるだろう。

モイラの力は絶大であり、モイラの決定は、神々の王ゼウスですら容易に変えることができない。これは運命というよりも、圧倒的な宇宙の法則そのものと言えるだろうし、後にこの話がキリスト教の世界に入りこんだ時、これは神の「摂理」として

運命の女神はさまざまなかたちで描かれてきた

解釈されていくのであった。

　このモチーフは、占星術のイメージとも重なり合う。くるくると規則的にめぐる運命の輪は、冷厳な星の運行そのものだと考えるのだ。

　しかし、ローマ時代のフォルトゥナ（運命の女神）は、より頼りない、「幸運」として解釈されるようになる。そこに絶対的な法則はなく、人生の幸運と不運を気まぐれに左右する偶然性として解釈されていくわけである。

　ボエティウス『哲学の慰め』では、それは、甘んじて受ける他ない人生の風として理解されている。しかし、

ギリシャ神話に登場する運命の三女神。運命の糸を紡いでいる

「人間の時代」であるルネサンスには、この運命の女神の力はさらに矮小化されていく。

マキャベリの運命観

意外なことに、あのルネサンス期の政治思想家マキャベリも運命について語っている。彼の著『君主論』には、「運命というのは一種の女性のようなものだから、雄々しい男性なら、この女神を打ちすえていうことを聞かせるべきだ」などという暴力的な言葉も出てくる。

もちろん、マキャベリとはいえ、運命の力を完全に制御できるとは言っていない。しかし、勇敢に人生に立ち向かう人、あるいは、運命の風向きの変化に備えられている人は、ある程度運命をコントロールすることができると言っているのだ。

こう考えていくと、読み手によって、この『運命の輪』の解釈は大きく変化していくと言えよう。

11

正義

Justice

このカードはあなたに、今が何らかの判断を下すタイミングだと教えてくれている。他人の意見に惑わされることなく、公正かつ客観的な答えを出さねばならない。そして、自らが「正しい」と信じた行動を起こすのだ。迷いが生じたら、規則や法など、ごく一般的なルールに基づいたり、ルールを扱う職業につく他者に助言してもらうのもいいだろう。いずれにしても、感情のままに誰かを批判したり、自分が正しいと思いこむなど、偏りのある行動は避けた方がよさそうだ。

SYMBOLS of Justice

A 剣と天秤

剣は力や懲罰の象徴であり、天秤は公平の象徴である。この2つの能力が、国家の運営にも、自分の人生のナビゲートにも必要だろう。古代エジプトにも同じイメージが存在する。エジプトの『死者の書』によると、人間は死後、心臓を善悪を測る天秤にかけられるのだという。

B 2本の柱

2本の柱が、ここにも存在している。陰陽という、両極なものの「中道」に存在する人物。彼女が物事を偏りのない目で見つめることのできる、公平な人物であるということを示しているようだ。

C 冠

中央に四角形の石があしらわれた冠は、イーデン・グレイによると「聖なる力を内包する冠」だという。冠に描かれた先端の数が「3」。はめられているのは「4」角形の石。そしてこの2つを足した「7」こそが、「7つの惑星」などに見られる、聖なる数字である。

D 目隠し

デッキによっては、正義の女性は目隠しをしている場合もある。これは彼女が外見など表面的なものにとらわれず、真実を見抜く力をもつことを表している。

STORY of Justice

女神は心眼で公平な裁きを下す

正義の擬人化

すでに取り上げた『力』でお話ししたように、デッキによってこのカードに振られる番号は違っている。

古い木版のマルセーユ系デッキでは、このカードは8番の番号を振られている。また、19世紀末に登場した魔術結社「黄金の夜明け」団の流れをくむカードでは11番となる。本書では、ウエイト系デッキを採択しているので、11番としておこう。

大アルカナは22枚あるが、11番に置くと、このカードはちょうど中央にあたることになり、『正義』のカードの中心的なシンボルである天秤のイメージともうまく合致することになる。

さて、まずはこの絵を見てみよう。冠をかぶった凛々《りり》しい、しかし女性的な人物が、片手に剣、片手に天秤をもち、背筋を伸ばして座っている。デッキによっては目隠しをしている場合もある。

これは伝統的な『正義』の擬人化なのである。寓意像を読み解くための辞書、事典のひとつ、16世紀末に刊行されたチェザーレ・リーパの『イコノロギア』には次のような記述がある、

〈正面を向いた白衣の女性は、権威の象徴たる王冠と首飾りをつけ、万物を見通す。衣服の白は『無垢』と『公平』である〉

〈『正義』の女神は不偏不党を示すために目を覆う。右手に裁きの剣をもち、左手には秤をもつ〉

『正義』は、「節制」「忍耐（思慮）」「力」と並ぶ、プラトンが著書『国家』の中で提唱した、ヨーロッパの「四大徳」と呼ばれるものであり、その中でももっとも重視、尊重されるものであった。こうした抽象的な「徳」の概念は、早いうちから擬人化される

ようになる。

さらに言えば、現代社会において、もっとも長きにわたり生命をもちつづけているものではないだろうか。その証拠に、今でも世界中の裁判所で、これとほぼ変わらない正義の図像を見ることができる。

目隠しの本当の意味とは？

ところで、先の引用文にあった、『正義』の女神が「目隠ししている（目を覆う）」という記述に引っかかる人もいるのではないだろうか。目隠しというのはおもしろいシンボルで、「盲目にする」という意味と、真逆である「真実を見通す」という意味の両方をもつ場合がある。

どちらの意味でとらえればよいのか判断するのはややこしい。典型的なのは、「運命の女神＝フォルトゥナ」「愛の神＝クピド」に見られる目隠しだ。

視覚は人間の感覚の中でもっとも重要なもののひとつとされてきた。しかし、同時に「大切なものは目に見えない」というサン＝テグジュペリの表現に見られるように、五感で把握できる物質的なものは、かえって物事の本質を覆い隠してしまう場合がある。その時には、肉体の目を閉じて、「心眼で」物事を見なければならない、というわけである。クピドや運命の女神の場合、文脈に応じて両方の解釈が可能だ。文字通り「恋は盲目」を意味する場合もあれば、外見にとらわれない、真実の愛の目覚めをかきたてる場合もある。

ルネサンス初期の画家、ジオットの描く正義の寓意

そして『正義』の場合、目隠しはもちろん、「不偏不党」のポリシーを表していると考える他ない。ウエイト系やマルセーユ系のタロットでは、『正義』の女神は目隠しをしていない。リーパの記述などに影響を受け、目隠しをする『正義』の女神の図像が現れるようになってきたのだ。

もしあなたがもっているデッキで目隠しをしている正義の女神があったら、「不偏不党」の心を思い出してほしい(もっとも、昔から裁判官がきちんとした正義を行っているとばかりは限らないけれども)。

現代における正義

正直、ぼくにとってこのカードは、通常の教科書にあるように、単純な「いいカード」とは思えないのである。

今の世の中、くっきりした正邪の判断は、非常に困難になってきている。社会が複雑になり、さまざまな価値観が並立する中で、天秤をもつことはできても剣を振るうことはなかなか難しい。

だからこそ、マイケル・サンデル教授の「これからの『正義』の話をしよう」といったような劇場型授業が流行するのだろうし、皮肉にも自信たっぷりに意見を言う、声の大きな「ご意見番」のような人物がテレビでもてはやされる。政治の場面でも、断定的な言い方をする人物が支持を集めたりする。

そんな中で、この『正義』のカードが出た時には、解釈をするのに非常に迷う。『正義』は自分の側にあるのか。あるいは人を断罪しているような状況なのか。

しかし、だからといって、ずるずると結論を延ばしたり、どっちつかずの態度をつづけていたりすると、何事も動かなくなってしまう。バランスを取ろうとして、かえって優柔不断になっているだけということもあるだろう。

ラファエロも正義の寓意を描いている

12

吊られた男

The Hanged Man

吊られた男はその名の通り身動きのとれない状態を表している。進むことも戻ることもできないのだから、ここはいったん小休止を取った方がよさそうだ。自分がしたいことは何なのか、今歩んでいる道は正しいのかを考え直そう。また、視界が逆さまになっていることから「視点の転換」や「価値観の変化」を象徴するカードでもある。置かれている状況を見つめ直すことで、スランプを抜け出し、スムーズに次のステージへと進むヒントを得られるかもしれない。

SYMBOLS of The Hanged Man

A 足と腕の形

男の体をよく見ると、足は「4」という数字をかたどり、腕は「3」角形をつくっている。4は物質を象徴する数字であり、3は精神性を象徴する数字だ。この2つが組み合わさることで、まったく自由な精神が、肉体という物質の中に受肉している様子を示していると考えられる。

B 後光

男の背後に輝く光は、自己犠牲の光である。男はその身を犠牲にし、自らの成長を促そうとしているのだ。その姿は、北欧神話において、力を手にするべく自ら世界樹ユグドラシルに吊るされた神、オーディンを彷彿とさせる。ただしこの後光は古いデッキには存在しない。

C 葉をつけた木

男が吊るされた木は、青々とした葉を茂らせ、そこに生命が宿っていることを教えてくれている。男がただ罰されているわけでも、ましてや死刑に処されているわけでもないということを暗示している。

D T（タウ）十字

男が吊るされている木の全体をよく見ると、ヘブライ文字の最終文字、T（タウ）をかたどったもっとも古い十字、T十字の形をしていることに気づく。Tは真実や光、善の言葉を意味する文字である。

STORY of The Hanged Man

世界を逆さまから見てみると……

現代的な解釈は「スピリチュアル」な存在？

タロットが話題になる時、こんな言葉をよく聞く。

「タロットって、すごく当たると聞くんだけど、ちょっと怖いよね。ほら、『死神』とか『悪魔』とか『逆さ吊りの人』とかあるしさあ」

タロットのイメージの強烈さを知るのは、こんな時だ。そういう方々たちはおそらく、子どものころ、戯《たわむ》れにタロット占いをやってみた、とか、誰かにちょっとタロットで占ってもらったことがある、といったくらいなのだろう。いわば、タロットについては「シロウト」なのだが、しかし、そんな人たちの心にも、タロットの絵のイメージは強い刻印を残しているのである。

ルネサンスのころの「記憶術」では、さまざまな物事を絵画的なイメージとセットにして記憶するという方法が推奨されていたらしいが、そういう時はあえて奇怪なイメージを使っていたのだという。その方が記憶に残るからだというのだが、『死神』や『悪魔』、そして『吊られた男』が印象に残っているということは、その効果を裏づけているような気がする。

ところで、そのような発言をする人を「シロウト」さん呼ばわりしてしまったが、ここにはもうひとつ、理由がある。『吊られた男』を「怖い」と言う人は、タロットをお勉強したことがない人だと推測できるからだ。

というのも、現代的な多くのタロットの教科書では、『吊られた男』を単純な凶札として扱っていない。現代的な解釈では「自ら望んでの自己犠牲」だったり「スピリチュアルな生き方」といったニュアンスの解釈がされている。

ウエイト系のデッキでは、男は逆さまに吊られてはいるものの、その表情には微笑みが浮かんでおり、さらには後光までさしている。それはまさに、世俗的な価値観を反転させ、スピリチュアルな生き方に身を献じる姿である、というのが現代的な見方なのである。

極刑となったさらし者?

しかし、時として「シロウト」さんは、頭でっかちなお勉強をしてきた人よりも、素直に物事の本質をついていることも多いのではないか。

カードのタイトルを英語で見てみよう。The Hanged Manというタイトルは、直訳すれば「絞首刑にあった男」となり、実に恐ろしげな存在なのである。おまけに古いデッキではTraitors(反逆者)というタイトルがあてられていることもある。

また、『吊られた男』が金貨の入った袋をもっていたり、逆さまにされたことにより、もっていたお金がこぼれおちてしまった、という図柄のものもある。『正義』というまるで裁判を表しているような札の後につづくものなのだから、盗みや、不正な蓄財をした人物が罰せられ、逆さ吊りの刑にあっている様子だと解釈するのも、決して間違いではないだろう。

普通に考えれば、「絞首刑」という、いわば極刑を表すカードを占いで扱うのもどうかと思ってしまう。が、何かが原因で周囲から「吊るし上げられる」とか、ネット上で「さらしもの」になるなんてことも、日常の中でないわけではないというのが、現代の恐ろしい世相である。

15世紀にイタリアでつくられたヴィスコンティ=スフォルザ版タロットの『吊られた男』

逆さまの視点＝価値観のシフト

このカードの最大の特徴は登場人物が「逆さま」になっているということだろう。子どものころ、何かにいきづまった時に、壁に向かって床を蹴り上げ、逆立ちになってみることがあった。また、体を折り曲げて、股の間から世界を見てみたことがある人もいるのではないだろうか。体が柔らかい子どもの時には、こんなことも簡単にできる。すると、目が慣れるまでは世界が逆さまに見えるのだ。

ぼくにとって『吊られた男』は、「逆さまの視点」に象徴されるような、価値観のシフトを表しているように思える。『正義』の後でこのカードが登場するのは、一般的に考えられているような『正義』や「判断基準」が実は反転可能なものであるということを表しているのではないだろうか。

そして、へたにそのことに気がつくと、今度は弾劾《だんがい》される恐れがあるということでもある。そのことは少し過去を振り返ればすぐにでもわかる。10年単位で、世の中はころころと変わっていく。

少し前まで非社会的な存在だと思われがちであった「オタク」は、いまや堂々たる日本を代表するカルチャーの担い手になっている。女性から期待される「理想の男性像」のイメージもどんどん変化し、それに追いつくのはたいへんだ。

かといって、そんな社会から期待されているイメージなどにしばられるのはゴメンとばかりに、そこから外れると、今度は「イタイ」と言われるようになり、『吊られた男』と化してしまうのだ。誰もが皆、適応と過剰適応、非適応の状態をいきつもどりつしながら生きているのではないかと感じるのである。

『吊られた男』は伝統的に足を組んだ状態で描かれているが、これは数字の4にも見える。4は、安定した物質世界を象徴するものである(4つの元素や4つの身分を象徴)。そこから、この『吊られた男』は、『愚者』と違って社会性を十分に意識していることがわかる。その中であえて、社会的なルールやカーストの虚構性を見ぬき、時にそこで批判を受けるか、そこまでいかずとも「宙ぶらりん」な状態で、不安定さを内包しつつも生きていくという状況ではないだろうか。

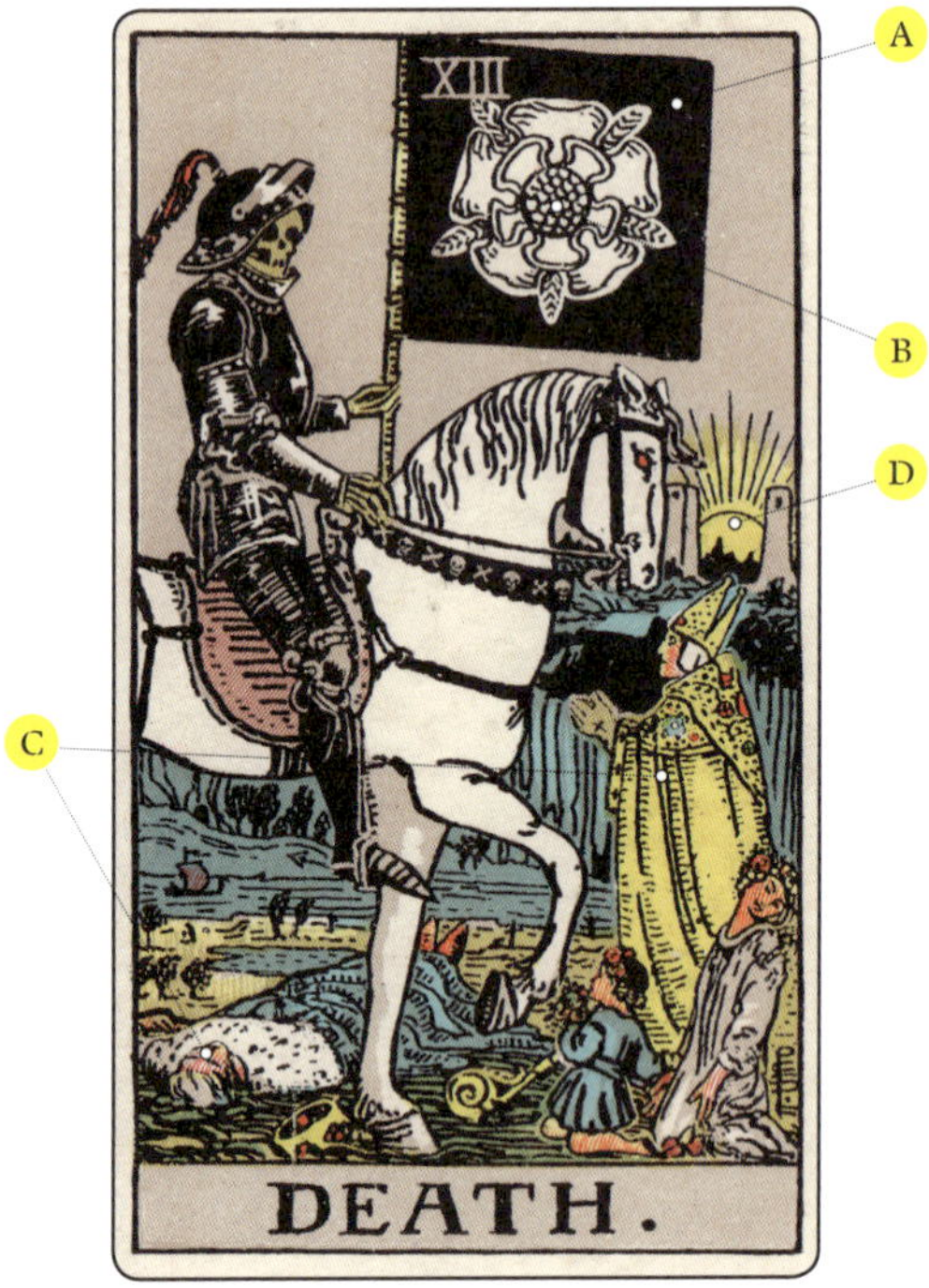

13 死神 *Death*

このカードが出たということは、「何か」が、終わりへと向かっていると考えられる。人間関係の終わりや、仕事など、物事の終わり。また、これまであなたがもっていた固定観念や、信じていた価値観が変化する前触れである可能性もある。終わりの後にやってくるのは、はじまりだ。新たなステージで、あなたは手放したもの以上にすばらしいものを築き上げる。たとえそれがつらい別れであったとしても、長い目で見れば「あの時手放していてよかった」と思えるだろう。

SYMBOLS of Death

A 死神の旗

掲げられた旗は、勝利の象徴だ。したがって、『死神』が掲げた旗は、絶対的な死の勝利を表している。死に打ち勝つことのできる人間はいないのだ。

B 白いバラ

情熱を表す赤いバラに対して、白いバラは生と死の神秘の象徴とされている。『死神』のもつ旗に描かれているバラが赤ではなく白なのは道理であろう。

C 王と教皇

このカードには幾人かの人物が描かれているが、ひときわ目立つのは、何やら『死神』に向けて嘆願しているかのような『教皇』の姿である。また、左下をよく見てみると、頭から冠を落として横たわる王がいるのがわかる。すでに絶命しているのであろう。最高権力者である王にも、精神的にもっとも高位であるとされる教皇にも、死は訪れる。死の前には、すべての人間が平等なのだ。

D 太陽

背景に描かれている太陽は、これから昇るところなのか、沈んでいくところなのかわからない。どちらであろうと、太陽が「死と再生」のシンボルであることには変わりない。すべてが死に絶えた街にも、再び命が生まれるのだ。

STORY of Death

『死神』は文字どおりの「死」を意味しない

『死神』が出た時の気まずさ

最近はやりのほんわか系のオラクルカードと違って、タロットは見る者に強烈なインパクトを与えるけれど、中でもこの『死神』のインパクトはけた外れ。死の象徴である骸骨《がいこつ》が、生命を刈りとる鎌をもって闊歩《かっぽ》しているのだから。

『死神』が出た時、良心的な占い手はかなり困るのだ。タロットを勉強したことがある人なら、「死神は文字どおりの死を意味するのではなく、何かの区切りや再生を意味する」というような、ソフトな解釈を頭に入れているだろう。しかし、この強烈なイメージを眼前にした相談者に「決して悪いカードではないですよ」などと言っても、それはおためごかしにしか聞こえないのではないだろうか。

実際、ぼくも人前でタロットをする時にはドキドキしてしまうのである。個人的な鑑定はしていないものの、仕事柄、トークショーなどでタレントさんにカードを引いてもらうデモンストレーションをすることはある。そんな時には、心の中で「『死神』だけは引かないでくれよ〜」と願っていたり。

幸い、生放送やトークショーで『死神』が出たことはまだないが、もしこれが出たら、ぼくもあわてて「このカードは『実際の死』ではなく、新しいはじまりを意味するのです」などととりつくろうことになるだろう。しかしそれでもきっとそこには何か気まずい雰囲気が残ると思うのである。

それはきっと、このカードを前にして「死」を「象徴的」にとらえ、口あたりをよくしようとする態度がどこか欺瞞《ぎまん》的であることを、人が無意識の中で知っているからだろう。

「死」を隠ぺいする「スピリチュアル」な思考

現代社会はよく「死」を隠蔽《いんぺい》していると言うけれど、それはここにもあてはまる。

いや、死だけではなく、この世界の悪や都合の悪いことに対して、目をふさごうとしているのではないだろうか。そして時に、「スピリチュアル」はそのための方便となる。たとえば、繰り返し出てくる「ニューエイジ」的な教義では、この世界にあるネガティブなことは、すべて自分の中の恐れやマイナスの思いが現実化しているにすぎないという。

冷静に考えればそんなことはあるはずないし、もしそれが本当なら、あの3・11東日本大震災の悲劇も、人の無意識が引き起こしたものだという恐ろしい結論になってしまう。フロイトなら、こうした極度なまでのナルシシズム的な発想を魔術的空想だとか快楽原則への固着だと言うだろう。思うに、深い哲学や宗教というものは、すべてこの世界の苦痛や否定的な側面、悪を直視することからはじまっているのではないだろうか。

タロットのエジプト起源説を唱えたクール・ドジェブランは、1871年発行のテキストの中で、このカードの意味を簡潔に「死」と言っている。同じく、古い教科書の多くは、「失恋」や「悲劇」といった意味をあてている。

タロットが誕生した15世紀より1世紀前、14世紀半ばに、ヨーロッパではペストが大流行し、人口の3分の1が生命を落とすという悲劇に見舞われた。そう、至るところに「死」が存在していたわけである。そんな環境の中で出現したモチーフは「死の舞踏」「死の勝利」というものだった。『死神』が闊歩し、あらゆる階層の人々がなすすべもなく死んでゆくという主題である。

イタリアでは、戦車に乗った死が凱旋するというモチーフもある。このような一連のモチーフがタロットそのものの成立に影響したという説もあるのだ。

タロットに「死」が取り入れられたのは、このような記憶がまだ生々しく、またその時ほどの規模ではないにせよ、病や事故による死もごく身近に存在していたことをそのまま表しているのだろう。死は避けようのない悲劇として存在していたのだ。タロットの中には、そんな重い人生の現実も表れている。

何種類かの死

しかし、タロットの「死」が文字どおりの死を象徴するかといえば、けっしてそればかりではない。冒頭で、あまりにも死や人生の否定的な面から目を背ける、過剰なポジティブ思考には批判的になってしまったが、一方でこのカードを単に文字どおりの「死」の予兆だとするのもまた、行きすぎである。

ここでおもしろいと思うのは、著名な占星術家にしてユング心理学の分析家であるリズ・グリーン博士が『宿命の占星術』（Astrology of Fate）という本の中で書いていた話だ。グリーンは、かつてノストラダムスやその同時代の占星術家ルカ・ガウリクスが、極めて正確に当時の王の死を予言した逸話について述べている。現代の占星術家たちはそんな正確な予言はできない。しかし、彼らは時として正確に予言ができたように見える。それはいったいなぜなのだろう。

ある占星術家たちは、かつては正確な予言ができる占星術の技法、秘伝が存在していたが、時代を経るうちにそれらは失われてしまい、現代ではあいまいな予言しかできないのだ、と言う。が、グリーンはそうではない、と言う。グリーンは、「当時は文字どおりの『死』という一種類の死しかなかった。しかし、多様な生き方や意識性が発達した今では、多様な『死』が想定できる。だから、同じ『死の予言』でもその現れはさまざまなかたちをとることになるのだ」というのだ。つまりこれまでの自分が死んで次のステージに生まれ変わる、といったようなことである。

この議論にもさまざまな弱点はあろう。中世からルネサンスのころに、本当に正確な予言ができたかというとそんなことはないだろうし、人の意識が劇的に変わるのはそう簡単なことではない(実際、グリーン博士がこの本を書いたのは1984年ごろなので、今では随分意見も変わっていることだろう)。

だが要点は、象徴の世界では「死」は単に物理次元のものではなく、子ども時代から次の時代へ、青年期から中高年期へ、あるいは事業の次のフェーズへの移行などといった大きな変化をも包含する、ということではないか。離婚や会社を畳むことを想像してわかるように、物事ははじめるよりも終わらせる方がずっと大きなエネルギーがいる。しかしその「死」を成就させてこそ生まれてくるものがあるのもたしかなのである。『死神』の札はそのことを示している。

14 節制

Temperance

バランスのとれた状況を表す。心と体、理性と感情など、どちらかに偏ることなく、物事をスムーズに進められる予感がしている。心に秘めた野心や、無謀だと諦めていた夢に「こうすればできるのではないか」と、現実的な算段がつくかもしれない。また、これまで認められなかった他人の価値観を受け入れられるようになったり、あまり親しくなかった人の心を理解し、コミュニケーションがとれるようになったりするだろう。変化はゆるやかに訪れるので、焦らないことが大切だ。

SYMBOLS of Temperance

A 天使

このカードに描かれた天使は、癒やしの天使・ラファエルであり、ユング心理学における「セルフ」と同一であると見られている。セルフは、あなたの無意識の心であり、内なる声を通じてあなたを導いてくれる。

B 入れ替えられる水

心のエネルギーが動き出す様子を表している。表面には見えなくとも、確実に動きつつある心が、ゆるやかに状況の変化を引き起こしていく。

C 陸と水に置かれた足

陸は「意識」、水は「無意識」を表している。この天使がどちらか一方だけでなく、両方に片足ずつ足を踏み入れているということは、意識と無意識という2つのエネルギーがうまく循環しているということを示している。

D アイリス

天使の足下に咲くのは、アイリスの花だ。アイリスとは、ギリシャ神話に登場する虹の女神の名前であり、転じて虹を象徴する花だとされている。虹は、天と地を結ぶ懸け橋であり、2つの異なる場所を結びつける存在と考えられるであろう。

STORY of Temperance

ゆるやかだが、たしかな変化の現れ

『節制』はわからない？

イギリスへ訪れた際、ユング研究者にして英国を代表する占星術家の1人、マギー・ハイドさんとタロットを引く機会があった。

というか、ぼくが監修しているタロットのアプリを使ってもらったのだ。その時に出たカードがこの『節制』だった。マギーさんはもちろん、タロットに関してもエキスパートであり、タロットについてのアカデミックな論文を書いておられるとも聞く。だが、そのマギーさんをして、こんな言葉がこぼれたのだ。

"I never understand the Temperance!"

(『節制』のカードはわからないわ!)

また、アメリカを代表するタロティストのレイチェル・ポラックも、その著書『タロット・ウィズダム』(Tarot Wisdom)の中でこのように言う。

〈私にとって、『節制』はずっとお気に入りのカードではなかったことを打ち明けさせてください。嫌いというわけではないのです。でも、わくわくするようなカードではなかった、ということなのです〉

むむむ。けれど、図像学的にはけっして、このカードは難しいものではない。

穏やかで節度ある状況

『節制』というのは、伝統的なヨーロッパの4つの枢要徳のひとつ。「正義」「力」「忍耐(賢明)」と並んで、人間がもつべき基本的な徳の寓意である。この寓意は、タロットのみならず、あちこちに見られるモチーフで、時に教会のステンドグラスにも描かれることがある。実際、ぼくがまだ若かったころ、ヨーロッパの教会で初めてこのモチーフを見た時には驚いたものだ。今から考えれば、この図像はオカルト的なものでもなんでもなく、ヨーロッパの伝統的かつ基本的なモチーフであり、教会にあっても当然なのだが。

伝統的な図像では、水を一方の杯（あるいは瓶）からもう一方の杯へ、一滴たりともこぼさないように移し替える様子が描かれる。情欲を象徴する松明《たいまつ》の炎を水で消している絵柄もある。

こうしたモチーフの基本的な意味を踏襲するとすれば、穏やかで、節度のある行為、あるいは状況を示すということになるだろう。実際、多くのタロットの入門書もこのカードに「節度」や「穏やかな状況」といった意味を与えている。

タロットに表れた天使像

ただ、ここにひとつの「謎」がある。それはタロットの『節制』に見られる人の姿をしたものが「天使」であるのに対し、伝統的な『節制』の寓意像である女性は、人間の女性であることだ。

実証的なタロットの歴史研究で知られるマイケル・ダメットは、伝統的な『節制』像では、女性が時おり椅子に座していることを挙げている。その姿がいつのまにか翼に見間違えられて、天使の姿になったのではないか、と言うのである。

女性が天使になったことで『節制』には新たにタロットならではの解釈がなされるようにもなった。『節制』の次に来るのは『悪魔』であるが、これは「天使」のネガティブな姿であり、その対称性に注目するという向きもあるのだ。

驚いたのは、最近出た日本の木星王氏（タロット占いを日本に普及させた貢献者の1人）による解釈で、『節制』は「ミラクルカード」であり、特別なカードだというものだ。長い経験から引き出した、奇妙だが独自の解釈なのだろう。

何度も繰り返すように、タロットはもともとゲーム用のカードとして出発したものであり、その解釈やあてられている意味は、独創的なものであってかまわない。あなた独自のイマジネーションを深めていっていただければいい。

「節制」とユング

ぼく自身は一言で言うと、このカードを「穏やかな変容」「変化」と解釈している。
このカードを見て連想するのは、ユングの著書『心理学と錬金術』（池田紘一・鎌田道生訳、1976年、人文書院）にある一節だ。この本は、ある夢見手（実は、なんと、あの量子力学の父の1人であるヴォルフガング・パウリである）が見た一連の夢と、中世から17世紀に至る一連の錬金術図像やモチーフとの並行関係を示すというなんともユニークな研究なのだが、その中にタロットの『節制』を思わせるような夢が登場する。

〈母親が一つの盥《たらい》から別の盥へと水を移し替えている……この行為はたいへん厳粛に行われる。というのもこの行為は周囲にとっても極めて重要な意味をもっているからである〉

ユングは、ここで移し替えられる水は、錬金術師たちが「生けるメルクリウス（水銀）」と呼んだ、心のエネルギーの象徴であり、古い場所にあった心的エネルギーが新たな場所へと移動して、心の変容を促していくプロセスを象徴するものだと考えた。

ぼくが『心理学と錬金術』を読んだ時には、もうすでにタロットに親しんでいたのだが、この夢のモチーフを見た時、すぐに『節制』のカードを連想し、それ以降、ユングのこの解釈と『節制』が分かちがたく結びつくようになったのである。

実際、ユング派の分析家であり『ユングとタロット』（秋山さと子、若山隆良訳、2001年、新思索社）の著書もあるサリー・ニコルスも、このカードを「自我とセルフの対話」というように解釈している。

このカードは、表面的なところでは何も変化がないように見えていても、内側ではゆっくりゆっくりと何かが変わってきていることを表しているように思う。そしてそんな穏やかな成長のプロセスが、ぼくたちの人生が充実していくことを示しているように思うのだ。

15 悪魔 *The Devil*

これまで、自分の中にたしかにあるのにもかかわらず、見ないふりをしてきた負の感情が、あなたの衝動を駆り立てるかもしれない。嫉妬や劣等感、誰かを憎む気持ちや、強すぎる欲望など……。しかし、それらにフタをしようとしてはいけない。醜い感情を受け入れ、しっかりと味わうことで「理由もわからず動いてしまった」という事態は回避できる。また、自分の弱い一面を認めることができてはじめて、自分を律するという意識が生まれる。精神的な成長が促されるだろう。

SYMBOLS of The Devil

A 大悪魔

大悪魔はあなたの「影」そのものを示している。自分の弱さや欲望、恐れやコンプレックスなどだ。その姿があまりに醜悪な野獣だと思うのは、このような姿を「醜悪」だとする前提があるからではないだろうか。『悪魔』は既成の常識をひっくり返す、この世界の裏側や現実の複雑さ、多様さを支えている存在かもしれない。

B 逆ペンタグラム

ペンタグラムは魔法の印として知られているが、それは、この物質世界を表す4つの元素を、頂点の角が示す「精神」によって支配しているからだ。一方逆向きのペンタグラムは、物質によって精神が支配されていることを示す。心理学的には肉体的欲望や無意識の衝動が意志や明晰な意識を飲みこもうとしていることを示す。

C 逆向きの松明

燃え盛る逆向きの松明は、欲望や野心を示している。炎そのものは善でも悪でもないのだが、逆向きのままではやがては自分の手にやけどを負わせることになるだろう。欲望や無意識的なエネルギーを正しい方向に向けることの重要性を示しているように見える。

D 小悪魔

小悪魔をつなぐ鎖はあくまでも緩いものである。「仕方ない」とか「大人の都合で」といった「いいわけ」がこの社会の「緩い鎖」なのかもしれない。あなたを縛りつけている物事の多くは、恐れという虚構であることも多いのである。『悪魔』に対抗するには『悪魔』の正体を見抜くことがベストな手段なのではないだろうか。

STORY of The Devil
『悪魔』は人の心の内側に住む

タロット＝禍々しさの象徴

たまに「タロットは怖い」という声を聞く。あるいは、これまでぼくが監修させていただいたタロットカードや、ぼくの書いたタロットの本をご覧いただき、「タロットってもっとおどろおどろしいものかと思っていたんですけど、安心しました」という感想をいただいてうれしくなる。

と同時に、タロットにはどこか禍々《まがまが》しいイメージがこれほど強固にまとわりついていて、それもまたタロットの魅力のひとつであるのだとも感じる。タロットがただただかわいくてキレイなだけのものであれば、これほどの広がりを見せなかったのではないだろうか。

最近のキラキラした「オラクルカード」にはない磁力がタロットにあるとすれば、それはタロットの中の魅惑的な毒の要素であると逆説的に言えそうだ。

そもそも、この世界や人生には、どんなに目をそらそうとしても「悪」が存在するのはたしかだ。そしてそんなタロットのダークなイメージを象徴的に示すのが、この『悪魔』の札である。

タロットに『悪魔』はなかった

けれど、『悪魔』はタロットの歴史の中の大きなミステリーでもあるのだ。と言うのは、現存する最初期のタロットデッキには、『悪魔』の札が見あたらないのである。

タロットは、4種類のスートからなる原トランプが、14世紀にイスラム世界から西ヨーロッパに流入したのち、15世紀中葉に北イタリアにおいて、貴族たちが、今で言う「大アルカナ」を切り札としてプラスオンするかたちで誕生したことがわかっている。現存する最古のものは、15世紀半ばにミラノで制作された「ヴィスコンティ＝スフォルザ版」と総称される手描きのパックなどなのだが、このころのタロットにはなぜか『悪魔』は

初期の木版タロットのシートには悪魔の札が出現する

見あたらない。コトをさらにややこしくしているのは、それからすぐ後の木版画のタロットには、『悪魔』のカードが存在しているということ。タロットが「発明」されてから、『悪魔』の札が加わるのがずっと後なら問題ないのだが、わずかな時差で『悪魔』が現れていることが研究者を悩ませる。

考えられるシナリオは2つ。つまり、タロットには最初『悪魔』は存在しなかったが、すぐに加えられるようになった、が仮説①。『悪魔』は存在していたのだが、手描きのタロットをつくらせた貴族たちが何らかの理由で『悪魔』を排除したか、あるいはすべてが散逸してしまった、が仮説②である。実は次の『塔』の札も同じ問題を抱えているのだが、どちらが正しいか、今後の新しい史料の発見を待つしかないだろう。

内なる『悪魔』の誘惑

ウエイト＝スミス版を含め、多くのタロットの『悪魔』は、人間と山羊《やぎ》を合体させたような醜悪な悪魔像が描かれることが多い。だが、考えてみれば『悪魔』は不可視な存在のはずである。

このような『悪魔』像は、キリスト教世界のイメージだと思われる向きが多いだろう。たしかに聖書にも

ギリシャ神話に登場する、牧神パンやサチュロスといった、ヤギと人間の合体したキャラクターは、後の西洋の悪魔像の原型となったと考えられる

『悪魔』は存在するけれど、初期の『悪魔』の図像はほとんど天使と区別ができない姿であった。

　中世以降の、半獣半人姿の『悪魔』の元ネタは、おそらくギリシャ神話のパンやシレノスであろう。獣は、キリスト教の禁欲や文化的な面からすれば、好色でみだらな存在。人間的な文化の外にある、野蛮であり、悪の象徴にふさわしいものだとされたのではないだろうか。そこには、文化の側から見た「野生」への忌避があるように思われる。

19世紀のオカルト主義者エリファス・レヴィの描く偶像神バフォメット。この図が後のタロットの悪魔像のモデルとなる

　ウエイト＝スミス版や現代のタロットの多くは、大悪魔のそばに、鎖でつながれた

小悪魔が描かれている。ただし、その鎖は緩く、そのつもりになればいつでも脱出できそうだ。

多くのタロティストはこのカードを「誘惑」を表すものと見ている。自分の内なる弱さのために、自分で自分を「悪い方」に引き寄せている可能性はないだろうか。『悪魔』は外ではなく、内にいるのだ。

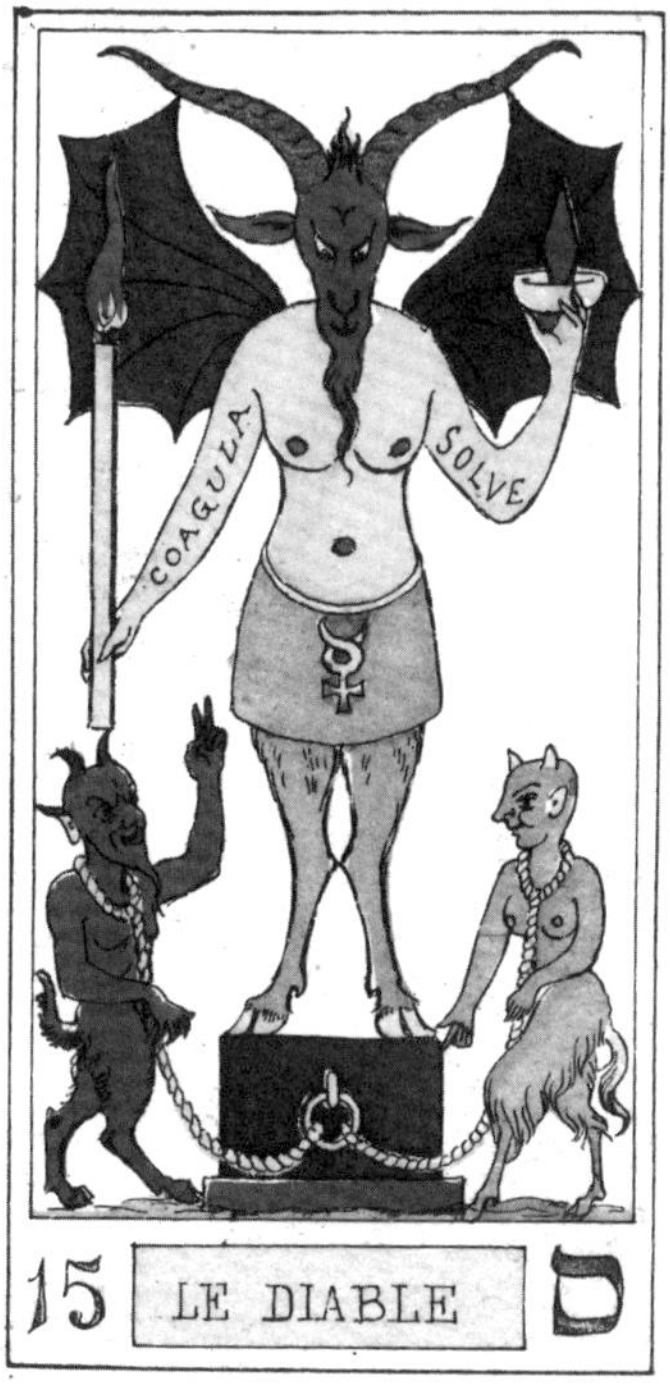

レヴィの描くバフォメットを踏襲したタロットの悪魔
（オスワルト・ヴィルトのタロット）

16

塔

The Tower

決してゆらぐことはないと思っていたものが、驚くほど簡単に崩れ去ってしまう暗示である。予想外の出来事が起きて、人や組織、価値観などが信じられなくなったり、自分が守ってきた地位や名誉が無に帰ったりするかもしれない。しかしそれは、まっさらな状態からつくり替えるチャンスとも言える。これまで惰性でつづけてきたことや、なんとなく選んできたものに別れを告げ、今までは見向きもしなかった新しい何かを取り入れてみよう。

SYMBOLS of The Tower

A 落ちていく王冠

雷によって落とされる王冠は、追い落とされる虚栄や権威の象徴である。「ここまで来れば安心」と、悠々と下を眺めているあいだに、思いも寄らない方向から失墜の時がやってくることを表している。

B 雷

一見すると恐ろしく思える雷だが、ふいにやってくるひらめきや、インスピレーションを象徴するシンボルだ。ひらめきは時に古い価値観を手放すきっかけとなりうる。勇気をもってそれを迎え入れるか、恐ろしがって古いものに固執するかによって、とらえ方は異なるだろう。

C 火花

雷から飛び散る火花の数を数えてみてほしい。ちょうどタロットの大アルカナの枚数と同じ「22」あるのがわかるだろうか。22は、カバラにおける生命の樹を構成するつなぎの部分、「パス」の数だ。また、火花のかたちにも注目してみると、神の力を表すとされているヘブライ文字、ヨドのかたちをしていることがわかるだろう。塔を破壊した雷が、神によって落とされたものだということを示している。

D 落下する人物

彼らが身につけている王冠やマントは、権力の象徴である。現世の権力者や、驕り高ぶった人間の失墜と読むことができる。

STORY of The Tower

ぼくらはリアルな『塔』を見た

人生と同じ、いいことばかりではないのがタロット

『塔』のカードは、ヴィスコンティ版やカーリー・イエール版（ともに15世紀半ばのもの）には『悪魔』と同じく含まれていない。ただ、タロットに『塔』が存在していなかったのか、あるいは単に散逸してしまい、残っていないだけなのかは、今なおはっきりしていない。

世に出回っているタロットの入門書を見ると、『死神』『悪魔』と並んで、『塔』も強い凶札とされているが、この絵を見ると、まさにそういう解釈が真っ先に出てくるだろう。木星王氏の『秘法　カード占い入門』（１９７６年、日本文芸社）でも「火災、落雷、事故、思わぬ災難」などといった意味があてられている。

最近、よく売れている入門書、ルナ・マリア著『いちばんやさしいタロットの教科書』（2011年、ナツメ社）にも、「避けることができない不運に巻きこまれる可能性」というのがまっさきに挙げられている。「可能性」と言いながら、「避けられない」という枕詞がついているのが、やはり怖い。

タロットは、今流行の「いいことばっかり」のオラクルカードと違って、人生の中で起こるかもしれない劇的な出来事を、ストレートに象徴する絵柄もあるのが、大きな特徴でもある。

9・11の映像が焼きつく

実に強いインパクトをもつ『塔』のカードである。我々は現実世界でも、このカードをそのまま実写にしたような出来事を体験してしまったのだから、なおさらだ。9・11のアメリカ。ツインタワービルが崩壊する映像は、ぼくたちの記憶に強く焼きついている。

あの映像を、ぼくは東京のテレビで見ていた。その時、奇跡的にニューヨークにいた友人と電話がつながった。グラウンドゼロからは少し離れた場所にいたので幸いにも無事だったのだが、煙を上げ、崩壊していくビルから次々と人が飛び降りる様子を、電話をつなげたまま無言で見ていた。

その光景はまさに、タロットの『塔』そのままだと、ぼくは強く思ったのだ。9・11以降、ぼくたちは『塔』のカードとあの映像を、分けて考えることはできなくなったのだ。

現代の『塔』とは何か

よくある解釈では、このイメージは聖書に登場する「バベルの塔」を表しているとも言われている。人が、傲慢《ごうまん》にも天に届く塔を建てようとし、神の怒りに触れた。そこで神は塔を崩し、これから人々が協力し合うことがないように、言語をばらばらにした、という伝説である。

このカードを見れば、まさにその伝説を描いているようにも見える。しかし、聖書で記述されているバベルの塔の伝説をつぶさに見てみると、タロットの『塔』とは重な

1754年、ドイツで発行された書籍に描かれた1300年前後のバベルの塔想像図

らない部分もあるのだ。新共同訳の聖書から、該当箇所を引用してみる。

〈主は降って来て、人の子らが建てた、塔のあるこの町を見て、言われた。

「彼らは一つの民で、皆一つの言葉を話しているから、このようなことをし始めたのだ。これでは、彼らが何を企てても、妨げることはできない。我々は降って行って、直ちに、彼らの言葉を混乱させ、互いの言葉が聞き分けられぬようにしてしまおう」

主は彼らをそこから全地に散らされたので、彼らはこの町の建設をやめた（創世記11章）〉

ここをよく読むと、神は単に人間たちの言葉を混乱させ、塔の建設を諦めさせただけであって、雷によって塔を打ち崩すようなことは書かれていないのである。

したがって、落雷の塔というタロットのイメージは、聖書のバベルの塔の伝承を忠実には描いていないのだ。有名なブリューゲルの描く「バベルの塔」などと比べてもその相違は明白だろう。

ただ、「雷」は神の力を表す（日本語でもカミ・ナリ、である）象徴なので、一概にバベルの塔ではないと決めつけるのも、どうかと感じる。人の心の中で自然に、神の怒りが雷としてイメージされていった可能性もあるのではないだろうか。どちらも、人間の傲慢さに対する罰を示すものだとすれば、『塔』のイメージとバベルの塔の伝承は、元型的なレベルでつながっていると言えるだろう。

9・11が示したのは、「貿易センタービル」という、まさに経済の象徴である『塔』に対して、軍事力ではとうてい太刀打ちできない勢力が、命を賭して攻撃してきた時に起こる恐るべき悲劇だ。

もちろん、テロは許すべきものではない。しかし、崩れ落ちる『塔』は、巨大な覇権国家でさえも、崩壊する可能性が十分にあることをまざまざと見せつけたのである。ひいては、3・11の原発事故もそうだろう。ぼくたちがよって立っている文明は、タロットの『塔』のようなものであるということをまざまざと見せつけられたのだ。

現代人ほど『塔』がリアルであることを知っている人間はいないのではないだろうか。

古くは、塔は神の家というタイトルの場合もあった、とか

17 星 *The Star*

星が放つひとすじの光は、希望の象徴。あなたはこれから、何らかの夢や目標を見つけ出し、そこへ向かって進んでいくことになるだろう。たとえそれが、かすかな光だとしても問題ない。「新しい何か」を目指すこと、それ自体が大切なことなのだ。そのための毎日を、あなたは学びはじめたばかりの子どものように、素直な気持ちで歩んでいける。これまで抱えていたもやもやとした気持ちや、ネガティブな感情は自然と浄化されるので、案ずることなく前を向こう。

SYMBOLS of The Star

A 8つの星

上方に輝くのは、カードの名前どおり8つの星たちだ。日本では末広がりのイメージの強い「八」だが、占星術の世界においては「死と再生」という意味がある。今がどんな状況であろうと、やがて新たなステージに進めるというメッセージだろうか。それを裏づけるように、中でも一等大きく輝く星は、希望の象徴とされている。

B 木にとまる鳥

背後に描かれた鳥は「トキ」だそうだ。トキは不死鳥と同一視される鳥でもあり、「再生する鳥」として希望の象徴ともされている。またトキは、エジプト神話における知識の神・トートの象徴でもある。知識や純粋な精神を表している。

C 裸の女性

裸の女性は、ユング心理学における「アニマ・ムンディ＝宇宙の魂」を連想させる存在である。宇宙、つまり天から地上へ向かって、生命力を注いでいる姿だと考えられる。ちなみにアニマ・ムンディ的存在は、『世界』のカードにも登場する。

D 片足が水、片足が地面

このカードで描かれる女性も、『節制』のカードと同様、片足を水、片足を地面につけた、意識と無意識の世界を橋渡ししている存在である。

STORY of The Star

自分とみんなにとって希望となる『星』

ギリシャ神話の女神とトロイアの美少年

『星』のカードには、その名の通り大きな星が輝いている。その光芒は8つ。さらにその周囲には、7つの同じかたちの星が輝いている。その下では、裸の女性がひざまずきながら、両手の壺から泉か川のようなところに、水を注ぎこんでいる。一方は水の中に、もう一方は大地の上に。奥に見える樹木には鳥がとまっている。この構図は実は、タロットの中では大きな謎なのだ。タロットの大アルカナの多くは『正義』や『節制』のように、他の絵画表現にも見られる、定式化された寓意像に基づいている。しかし、この『星』の構図は、いわばタロットオリジナルのものなのだ。

基本的な構図は、18世紀ごろのマルセーユ系のデッキも同じである。15世紀の最初期のタロットまでさかのぼると、着衣の女性が星を手にしている、あるいはシンプルに画面中央に星のモチーフだけが出現するものもあるが、大体、近代以降には今のような絵柄が一般化していった。タロットの歴史において、このイメージは忽然と登場したように見えるのである。

もっとも、類似の図像がまったくないというわけではない。すぐに思い出されるのは、ギリシャ神話のガニメデスであろう。ガニメデスは、トロイアの美少年である。その姿は輝かんばかり。その少年に目をつけたのが、神々の王、ゼウスだ。ゼウスはこの少年に恋をし、自ら鷲の姿に変身して、彼を自分の宮殿のあるオリンポスへと連れ去ったのだった。その後、この少年は神々に酌をする役目を担うことになった。

神々が飲む酒は、「ネクタル」(ネクター)と呼ばれている。ちなみに、黄道星座の「水瓶座」は、この神酒ネクタルを注ぐ少年の姿である。

このガニメデスが描かれる時、時おり、水(あるいは神酒)を瓶から大地に注ぐ姿で表されることがあるのだ。ただ、お気づきのように、ガニメデスと『星』の構図には大きな違いがある。そう、ガニメデスは少年だが、『星』は女性なのである。

星が暦をつくり、生活のサイクルをつくる

一方、この中央の『星』そのものは何だろうか。諸説あるが、全天でもっとも明るい恒星であるシリウスであるという声や、あるいはイエス・キリストの生誕を予告したとされる「ベツレヘムの星」であるといった説もある。周囲の7つの星はもちろん、占星術で使う太陽、月、水星、金星、火星、木星、土星の惑星であろう。

図像のルーツを探るのはこのあたりにして、ここからは自由にカードのイメージから解釈を広げていこう。占い上の意味では、19世紀以降、多くの場合には「希望」というキーワードがあてられている。たしかに、「星」はなんといっても希望の象徴であった。大海原を進む船乗りたちは、GPSのなかった時代には、星を頼りに航路を探っていた。こうした航法を「スターナビゲーション」という。

また、占星術や天文学は、時間を旅する人類にとっての必需品として誕生したとも言える。いつ種をまくのか。いつ、祭りを行うのか。社会で生きていくためには、「時」を計り、生活を設計していくことが重要なのだ。では、時を計るにはどうし

たらいいのか。花の咲く時期なども もちろん、大きなカギとなるだろう。しかし、それだけでは心もとない。桜の開花は年によって大きく早くなることもある。自然界のほとんどのものはサイクルがあるが、それらはたいてい複雑にすぎる。

その中で、天体の動きは極めて規則的だ。太陽はほぼ24時間で昇っては沈み、月は29日半で満ち欠けを繰り返す。北極星はほとんど動かないし、北の星座たちは1日で1周する。それぞれの季節を告げる星座がある。だからこそ、世界のほとんどで、天体の動きを基とした暦がつくられてきた。星は、生活のサイクルをつくり出し、何があっても「明日」がやってくることを示しているのだ。

大地を潤す水は、星のサイクルが導く季節の恵みを、そして星は、これからやってくる「明日」に希望があるということを示しているのだ。

恵みの水、浄化の水

ぼくの場合、タロットでこのカードが出ると、新しい光が見えてくるということを表していると見る。何かにいきづまったように感じる時でも、このカードがあれば新しい未来や方向性が見えてくることになるだろう。もちろん、その光はかすかなこともある。はっきりとしたかたちを見せないことの方が多いだろう。目標も具体的なものではないのかもしれない。

しかし、それでも、何か「次」があるということが直観できる、ということが大事なのだ。またこのカードで強調されている水は浄化の象徴かもしれない。自分の中にわだかまっているさまざまなダークでネガティブな思いが洗い流されて、気持ちがすっきりするということもあるだろう。

また、「運命の星」という言葉もある。自分が生まれた時の星の配置が自分の運命や使命を示しているという考えもある。一見、これは宿命論的で、希望と反対のことを指しているように思えるかもしれない。しかし、その逆の発想もできるようにぼくは感じる。

たとえば、今、あなたにはっきりした目標があったとしよう。どの大学に入りたい、どんな仕事をしたい、といったようなことだ。しかし、それをいったん達成してしまったらどうなるだろうか。自分のモチベーションを保ちつづけることは難しいのではないか。ぼくはここでかつての祖母の教えを思い出す。10代のぼくが受験を前にしてある神社に行き、合格祈願をしてきた時のことだ。祖母はどんなふうに祈願をしたのか、と聞いた。ぼくは「〇〇学校に入れますようにと、ちゃんとお願いしてきた」と答えた。すると、祖母は顔をしかめる。「それはあかん。そんな願い方をしたら、神さんもそこを通すようにする他ないやろ」と。当惑したぼくは聞いた。「それではあかんの?」。祖母の答えは驚くべき知恵に満ちていた。

「あかんやろ。〇〇学校に行きたい、というのは今のお前の小さな考えだけやろ。それが本当にええかどうか、わからんのやから。そやから、一番いいようにしてください、とお願いするんや」

これは巧みである。もし不合格でも、それが自分にとってよかったのだと思えるだろう。しかしそれ以上に、自分が意識できる範囲以上のこと、いまだかたちをなさない希望や可能性があるかもしれない、という余地を残している。さらに言えば、利己的な願いではなくすという意味もある。「一番いいように」というのは、「みんなにとって」一番いいように、という含意もありそうではないか。

『星』は遠くにあってつかめない。到達できない。だからこそ、ぼくたちを「一番いい方向に」導くのである。

18

月

The Moon

日々、見上げるたびにかたちが変わる月は、あいまいなものや、不安定さを象徴するシンボルだ。このカードが出た時、目の前で起こっている出来事は、あなたの動物的な感覚……直感や生理的な快・不快、本能などに基づいて起きている。そのため、普段頼りにしている、情報や知識、論理的思考などが役に立たなくなり、不安な気持ちになるだろう。一方、イマジネーションの高まりを表すカードでもあるので、創作活動をする人は、このタイミングを逃さないで。

SYMBOLS of The Moon

A 月の顔

顔の描かれた月をよく見てほしい。この中には、三日月、半月、満月と、いくつもの月のサイクルを見ることができるのだ。ひとつの絵の中に、変化のすべてが内包されているといえる。

B 月の光線

トゲのように放出されている月の光線を数えてみると、全部で32本あるのがわかる。「32」は、カバラの生命の樹の天球の数「10」と、つなぎ部分の数「22」を合わせた数である。

C 犬とオオカミ

地上には、小道を挟んで左右それぞれに1匹ずつ犬らしき生き物が描かれている。一説によると、左の獣は犬で、右の獣はオオカミなのだという。それぞれが文明的なもの、野性的なものを象徴していると考えられる。

D ザリガニ

ザリガニは蟹座を象徴する生き物とされている。蟹座は月を守護星とする星座であることから、ザリガニと『月』の縁深さを感じられる。また、ザリガニは水の中と地上とを行ったり来たりする生物であることから、意識と無意識の間をうろついている状態を暗示している。

STORY of The Moon

カードの意味と同じく、うつろいゆく『月』の解釈

子どものころ、魅了された呪文

ぼくの記憶の中で、この『月』のカードはちょっと特別な意味をもっている。ぼくと同年代の方ならよくご存じだと思うのだが、かつて大人気を博したホラーコミックに、古賀新一氏の『エコエコアザラク』があった。

ぼくより一世代若い人たちなら、実写版の映画でご記憶にある方も多いだろう。「黒井ミサ」なる女子高生黒魔女(!)が、黒魔術を使って悪人に復讐していくという物語で、その中には、澁澤龍彦やセリグマンといった、当時、日本で入手できた魔術伝承の知識が随所にちりばめられていたのだった。「エコエコアザラク」という呪文もちろん、そのひとつ。

そしてこの漫画には、タロットもしばしば重要な小道具として登場しているのだが、その中に『月』のカードが登場したのを覚えている。本が手元にないので、うろ覚えで申し訳ないのだが、その中での『月』のカードの解釈は「危険、敵、偽りの友……」というものだった。

この不気味な解釈を、小学生だったぼくはかすかな恐怖とともに、呪文のように唱えていたものだった。今にして思うと、このキーワードは、かの澁澤龍彦が日本にタロットを広く知らしめたエッセイ「古代カルタの謎」(『黒魔術の手帖』1961年、桃源社)で披露されているものをそのまま使っているのだが、ぼくが澁澤のこの本を手にするのはずっと後のことだ。

さて、『月』のカードを見てみよう。カードの上部には大きな月がかかっている。満月と思しき円の中に三日月があり、その三日月は女性らしき人物の横顔になっている。月の周囲にはヘブライ文字のヨドに似た、いわゆる「月のしずく」が放射されており、地上にしたたっている。地上には、塔が2つ見える。下には沼があり、そこからザリガニがはい出している。沼からはまがりくねった小道が延び、両端にはオオカミとイヌが見える。薄暗い月夜の、妖しくも不気味な光景だ。

さきほどの『エコエコアザラク』、もとい、澁澤本に紹介されている解釈も、さもありなんだと言えるだろう。しかし、歴史的には、この図像は謎めいたものなのだ。実はタロットが登場したと考えられている15世紀ごろには、このような構図は存在していない。

ヴィスコンティ版などでは、女神アルテミスと思しき女性が三日月を手にしている様子が描かれている。また、版によっては、占星術師あるいは天文学者が月を観測している様子が描かれているものもある。

月の図像の登場と解釈の変遷

ウエイト版的な、いかにもタロットらしい『月』の構図が突如、登場したのは、マルセーユ版デッキからだ。この構図はなんとも謎に満ちている。タロットの図像を詳細に追いかけた研究家ロバート・オニールの言葉を借りるなら、「このカードだけは、ルネサンスの先立つ図像を探すことができなかった」ということになるのである。

このリサーチ結果が正しいとするなら、『月』のカードは、タロットの絵師たちがその創造性を自由に発揮した貴重な例かもしれないのだ（興味深いところでは、日本の優れたタロット研究家である伊泉龍一さんが、『月』に登場する犬は風刺化された占星術家ではないかという説を唱えておられるが、これも証拠に乏しいのは否めない）。

18世紀後半以降、タロティストたちの『月』の解釈は、「月そのものを表す」といったものからはじまり、その後変遷をたどってきた。

19世紀には、ポール・クリスチャンによってすでに「欺瞞、隠れた敵」という解釈がなされており、20世紀のウエイト版では、「隠れた敵、危険」という澁澤が元にしたであろう解釈が登場する。

現在の入門書の多くもこの解釈に沿っている。ルナ・マリア著『いちばんやさしいタロットの教科書』では「隠しごとやごまかしをしてしまう、されてしまう。迷いや悩みが募り、思い詰めて出口がみえない」、森村あこ著『アルケミア・タロット』（2012年、実業之日本社）では「一抹の不安、移ろいゆく感情、悩み、トラウマ、隠し事、因縁」などといった意味が付与されている。

これらはおそらく、月の光が支配する「夜」という時間には、すべてがあいまいになって、合理性が届かない状態になるということから引き出され、演繹されたイメージであろう。

しかし、こうした中で異彩を放っているのが、ムーンプリンセス・妃弥子氏のタロット本『ムーンプリンセス・タロット占い』（1989年、池田書店）である。『月』にポジティブな解釈をあてているのだ。これは、現代のタロット市場ではちょっと勇気のいることではなかっただろうか。

「女性的な霊性」への再評価

この、ムーンプリンセス氏の解釈には、文化的背景がある。氏が欧米の背景をどの程度意識しておられるかわからないが、1970年代以降、欧米ではいわゆる「女性の霊性」運動が盛り上がり、これまで狂気やネガティブな存在とされてきた女性性の象徴、『月』に対しての再解釈が行われるようになってきた。

ごく乱暴にいってしまえば、西洋においては男性＝合理性＝文化、文明＝太陽、女性＝非合理性＝自然、身体性＝月というイメージの連関が定式化されており、そのため『月』にはネガティブな意味が付与されてきた。ありていに言えば、すべての女性は潜在的に黒魔女であり、理性をゆるがしかねない存在である、ということなのだろう。一言でいえば、それはミソジニー（女性嫌い）だ。正統的なスピリチュアリティを、キリストに代表される「男性的な神格」が担ってきたという経緯もある。

しかし、それに対して、女性的な霊性というものが再評価され、キリスト教内部でも『神の女性の顔』という本が話題になったり、また世界中で女神伝承の本が話題になったりすることもあった。

女神伝承をベースにしたタロットも、80年代以降、多数制作されている。こうしたものは、身体性、自然、女性性などを称揚する。そうなると当然、『月』は女性的直観やインスピレーション、ナチュラルな生き方といった面を表すことにもなる。これまで否定的であった女性の生理に対してもポジティブな意味づけがされるようになったのだ。

19

太陽

The Sun

このカードが出た時、もしかしたらあなたは、生きる目的を見つけ出すことができるかもしれない。「自分はこの道を行くのだ」という確信や、そこを歩くことのできるよろこび、自分らしく輝くことができる誇らしさなどで胸がいっぱいになるだろう。また、これまで努力してきたことがある人にとっては、「成功」と呼べる結果が出るサインと受けとることもできる。舞台の上でスポットライトを浴び、人々の注目を集める……そんな日も近いかもしれない。

SYMBOLS of The Sun

A 子ども

子どもは、若々しい生命エネルギーにあふれた存在である。このことから、占星術において子どもは、太陽の象徴だと考えられている。

B 旗

旗が表すのは、勝利の感覚である。また、その旗を掲げているのが子どもであることから、「生きるよろこび」を表しているとも考えられる。「死の勝利」を示していた『死神』のカードの旗と対照的なシンボルだ。また、馬の体から旗の先までをひとつのかたちとして見てみてほしい。馬を「〇《マル》」と見てみると、そこに獅子座のマークが浮かび上がってこないだろうか。獅子座は、太陽を守護星とする星座だ。偶然とは考えにくい一致である。

C 太陽の光線

太陽から飛び出ているのは、22本の光線だ。描かれているのは21本だが、残りの1本は太陽の上に位置する数字の下に隠されていると考えられる。「22」は、『塔』で説明した通り、生命の樹の「つなぎ」の数である。

D ヒマワリ

ヒマワリは太陽を象徴する花である。たったの4本しか描かれていないが、これは「4」が世界を構成する四大元素(火地風水)を表しているからだとされている。

STORY of The Star

夜の幻想を打ち破る、理性の光

子どもと太陽の強い結びつき

19の番号が振られた『太陽』は、17の『星』、18の『月』ときて、天体を象徴する3枚のカードの最後を飾るものである。

まずは、ウエイト＝スミス系の『太陽』を見てみよう。太陽が画面上部に描かれている。この太陽は人の顔が描かれた、擬人化されたもの。その下には、馬に乗った少年が旗を振りかざしている。より古いマルセーユ系のカードでは、2人の子どもが太陽の下にいる、という構図が一般的なのだが、このウエイト＝スミス系の元ネタとなったのは、ジャック・ヴィーヴィル版と呼ばれる17世紀半ばのフランスのデッキであろう。

このデッキの『太陽』では、馬に乗り、旗をかかげる子どもが太陽の下にいる。19

世紀末から20世紀に生きたウエイトが、実際にこのカードを目にしていたかどうかはわからないが、このカードの構図はウエイトが強い影響を受けた19世紀のオカルト主義者エリファス・レヴィの著書にあるので、少なくとも、ウエイトはこの構図を知っていたことになる。

レヴィは、このように記述している。

〈絵文字は、輝く太陽と、砦の囲いの中で手をつないでいる2人の裸の子ども。別の『タロット』では、運命の糸を紡ぐ女。また別な『タロット』では、白馬に打ち跨《また》がって深紅色の旗をひるがえす一人の裸の子ども〉(『高等魔術の教理と祭儀』、エリファス・レヴィ著、生田耕作訳、1982年、人文書院)

輝く太陽と囲いの中で手をつないでいる2人の裸の子ども、というのは伝統的なマルセーユ系のデッキの『太陽』である。また、最後に挙げられている白馬に跨った子どもという記述がウエイト＝スミス系の『太陽』である(運命の糸を紡ぐ女、という構図と太陽の結びつきは、寡聞にして知らないのだが、これはレヴィのころにはあったものなのだろうか)。

子どもというイメージは、さらに古いデッキにも登場しており、15世紀イタリアの、現存する最古のタロットであるヴィスコンティ＝スフォルザ版にも子どもが登場する。図像学の上では「童子」プットーというのだが、幼い童子が『太陽』を支えているのである。

タロットの太陽と子どもというのは、どうも強い絆で結ばれているようである。ここからはぼく自身の連想だ。太陽は獅子座を支配する星であり、獅子座は黄道星座の5番目に位置する星座。現代占星術では、第5ハウスを定位置とする。この第5ハウスは「子ども」を象徴する場所なのだ（伝統的占星術では、ハウスのナンバーと星座の順序は直接的には一致しないのだが、現代占星術では、この2つを一緒に並べて考える）。

太陽系宇宙の中心であり、太陽系内で自ら輝く唯一の天体でもある『太陽』は、占星術においては「他の誰でもない自分」を表す天体だ。俗に「アイデンティティ」と呼ばれるが、これは自分が唯一の、統合された存在であるという実感のことを言っているのだろう。

自己同一性と訳されるが、さまざまな要素、あるいはどんな属性をもっていたとしても、自分が自分であるというこの不思議な感覚を支えている何か。それを象徴しているのが太陽なのである。

太陽は理性的で合理的な「昼間」を表す

ユング心理学では、永遠の少年のイメージは「自己」を表すという。一方で、自分を意識する自分は「自我」と呼ばれている。とすると、タロットの中の子どもは、自分の中にある、潜在的な可能性すべて、創造性すべてを象徴するものだというふうに考えることができるのではないだろうか。

内面的にとらえればそれは、自分は何事があっても自分であるという深い自信を象徴するものであり、また、静かな「セルフ・エスティーム」、つまり自尊心でもある。これをもった人は、穏やかで安定している。これが外的な方向に出ると、人からの評価や称賛を得るといったかたちで表れるだろう。

『太陽』のカードがしばしば名誉と同一視されるのは、このカードが出た時、人は何らかの形で光り輝くようなメダルを与えられる状況にあり、太陽の光のようなスポットライトをあてられる時でもあるからだ。

このカードが出た時に起こる外的な事件としては、何か自分の自尊心やアイデンティティがくすぐられるようなことがあると考えられるだろう。

また、『太陽』は「昼間」を表すというのが18世紀の解釈でもあった。これは『月』が「夜」を表すという解釈と対照をなす。昼間の意識と夜の意識の違いと言えば、ロマン主義を思い起こすことになるだろう。

夜の意識は、昼間の意識が眠った時に流れ出す、詩的で象徴的、神話的なもの。一方で昼間の意識は、理性的で合理的なものだ。ニーチェは前者をディオニソス的なもの、後者をアポロン的なものと呼んだわけだが、アポロンとはもちろん、太陽神である。アポロンは理想の男性のイメージだと言われているが、「カースブレーカー」「呪いの破り手」という側面があることはあまり知られていないであろう。アポロンこそ、さまざまな呪縛を断ち切る働きをもっているのである。

妄想が働きはじめるのは、やはり夜の意識の時である。

たとえば、ぼくたちが悩んでいる時のことを考えてみよう。現代の悩みの多くは人間関係である。親が自分をどう思うだろうか、世間はどうだろうか、相手からの思いに自分は応えているだろうか、ノーと言えない。また、こんなことが起こるのではないか、相手はこんなふうに考えているのではないか、などなど。

しかし、このような思いの多くは「思いすごし」であることが多い。自分自身の妄想という幽霊や魔物に、自分で縛られてしまったのだ。あるいは自分が常識と考えているものや、自ら内面化してしまった、つまりあたり前だと思ってしまったさまざまな規範。それらのせいで、生きるのが苦しくなっているということはないだろうか。わかりやすいところでは「男はこんなもの」とか「女はこうすべき」、あるいは「家族というのはこれが理想」といった価値観。『太陽』が象徴する理性の光は、そうした思いこみが迷妄であることを暴き出す。

そう、『太陽』の意識は、妄想的な観念を断ち切ってくれる。朝がきて、昼がやってくる時には、夜の夢想は霧散する。「幽霊の正体」である「枯れ尾花」の姿がはっきりと見えるのだ。おとぎ話で、雄鶏が鳴いたら妖怪や魔女が退散するというのは、まさにそのことを象徴している。

夜に象徴される幻想が太陽の光で打ち破られるということなのである。

20 審判 *Judgement*

すでに終わった物事や、過去に葬った記憶が、ふとしたきっかけで蘇る暗示がある。しかしそれは、決して悪いことではない。あなたはそれを、もっともいいかたちで「リサイクル」することができる。当時の自分にはなかった視点やアイデアを通じて、過去から学びを得ることができそうだ。そして、それらが昇華されて初めて、あなたは大きな転換点を迎えることになる。未練やわだかまりがなくなり、スッキリした気持ちで、次のステージへと進むことができるだろう。

SYMBOLS of Judgement

A 天使

七大天使の1人、ガブリエルの姿だとされている。聖書によると、世界の終わりが訪れた時、ガブリエルがラッパを吹きならし、人々に最後の審判の時を知らせるのだという。

B ラッパ

ラッパは「神からの呼びかけ」「告知」を象徴するシンボルである。これから何らかの変化が訪れるというサインなのだ。

C 山

カードの背景をよく見ると、山稜が浮かび上がっているのがわかる。この山々は、この先自分が越えていかなくてはならない境界線を表している。文字どおり、山あり谷ありの試練が訪れるかもしれないが、それを乗り越えてこそ、新たなステージへたどり着けるのだ。

D 海に浮かぶ棺

死者たちがはい出てきた棺は、地面に置かれているのではない。その色とうねりから、そこが海であることがわかるだろう。海は、人々が生まれる前にいた場所、羊水を表している。死者たちは母親の胎内から、もう一度生まれてくるのだ。

STORY of Judgement

無意識からの声で蘇るものとは

この世の終わりの「最後の審判」

画面上方には天使がいて、ラッパを吹きならしている。その下には、墓から立ち上がるたくさんの人たちが、天に向けて手を広げている様子が描かれる。マルセーユ版のデッキでも、ヴィスコンティ版のデッキでも、基本的な構図は同じだ。天使の人数や墓から蘇る人々の数は違っていても、すべてのデッキで天使がラッパを吹きならし、墓から死者たちが蘇るシーンが描かれているのである。

このモチーフで、タイトルが『審判』であれば、西洋文化に少しでも親しんでいる人ならもう間違えようがない。このカードが表しているのは、「最後の審判」であろう。キリスト教では「エスカトロジー」という言葉が知られているが、これは、「終末論」を意味する言葉である。

神の計画では世界が創世されてから、時間は直線的に進んでいく。「創造」されてはじまりがある世界には、当然、終末がある。終末の時、どんなことが起こるのか。

キリスト教では、この世の終わりにはキリストが再臨し、死者たちも蘇って、生者たちと同じように、天国に行くか、地獄に落ちるかという選別が行われるとされている。少し前に世間を騒がせた「アセンション」というのも、もともとは「昇天」という意味であり、「歴史の終焉の時に善きものが天国に召される」という、古くからある終末救済思想の1バージョンだということになる。

聖書のマタイによる福音書（新共同約）には、このような記述がある。

〈人の子は、大きなラッパの音を合図にその天使たちを遣わす。天使たちは、天の果てから果てまで、彼によって選ばれた人たちを四方から呼び集める〉（「マタイ福音書24章31節」）

つまり、この世の終わりには天使がやってきてラッパを吹きならし、その「時」を告げるわけである。

中世の神学者アウグスティヌス以来、この時に再生する人々はすべてキリストが磔《たっ》刑《けい》にあった年齢である30歳の姿をとる、とされているようであるが、ウエイト版のデッキは、その伝承にしたがっていないようだ。子どもの姿も見えるし、背景にもいろいろな年代の人々が見える。

復活、再生のイメージ

占いのシーンでは、このカードにはしばしば、文字どおりの「復活」という意味が与えられていることが多い。特にこれが特別ということではないのだが、森村あこ氏の『アルケミア・タロット』を開いてみると、「意識の変革が起きる、復活、復興……」といったキーワードがあてられている。

また、2012年に刊行されているこの本には、3・11の大震災を意識してか、「天変地異による不遇から新たな人生を歩みはじめる」といった言葉もあるのが興味深いところだ。

最後の審判を描く古木版画の例。天使がラッパを吹き、死者が蘇る

いずれにしても、一度だめになったところから、もう一度復活していくというイメージが強いのだろう。実際の占いなどでは、「復活愛」などといった字義的な解釈がとられていることも多いように思う。

しかし、この終末論的なイメージ、日本人にはなかなか理解しがたいところではないだろうか。というのも日本では、世界はつくられたものではなく、「自ずからなる」（自然）ものであり、時間も循環していると考えられている。変化はあるが、直線的、段階的にラストにいくものでもない。

一方、死からの復活というモチーフは、説話の中には案外たくさん出てくる。いまわのきわから復活してきた人の体験が語られるようになったのは、立花隆氏が『臨死体験』（1994年、文藝春秋）を話題にされてから、と思われがちであるが、実際には、ぼくの祖母くらいの世代の人々の中には、あたり前のように「三途の河のきわで引き返してきた」ことを語る人がいたのである。

この「生」と「死」のきわは、キリスト教世界で考えられているものとは少し違うのではないだろうか。むしろ、ギリシャ神話の方が日本の感覚に近い気がする。

無意識の世界からの声

ギリシャ神話では、詩人オルフェウスが、亡き妻であるエウリディケを取り返しに冥府へ下るという話があるし、大地の女神デメテルが、娘ペルセフォネを救い出しに冥府へ下る話もある。

これを心理学的にとらえてみると、冥府というのはそのまま、暗い無意識の世界だということになるだろう。ここには、生命や死の原理がすべて内包されている。ぼくたちがやってきて、また帰っていくところ。そこから、何かの呼び声が聞こえて、現れてくる。もしかしたらそれは不気味なものかもしれないし、まばゆい可能性かもしれない。

しかし、この「声」＝「Call」があった時に、人はじっとしてはいられない。自分の足元から、大地から何かが呼び出され、はい出してくる。あるいは飛び出してくるのではないかと思うのである。

21 世界 *The World*

このカードが出たら、まずは安心してほしい。あなたは今、ひとつのピークに到達する直前であると考えられる。自分でも、何かが満足のいくかたちで終われそうな、そんな前触れを感じているのでは。しかし、よろこびに浸るのはかぎられた時間のみ。ピークがあるということは、下降が存在するということでもある。自らつくった「自己満足」の壁を、強い意志をもって乗り越えてほしい。その先には、次なる目標や新たな試練、そしてひと回り成長した自分が待っているはずだ。

SYMBOLS of The World

A 四隅の生き物

世界のカードの四隅にいる牛、ワシ、人、ライオンの4種の生き物は、「テトラモルフ」といって、聖書の伝統において、聖なる生き物だとされている。それぞれが新約聖書の記者であるルカ、ヨハネ、マタイ、マルコを表していると考えられており、この4種がそろうことで、世界の全体を表現しているのだという。また、この4種の生き物は、世界の構造を生み出す役割をもつ「不動宮」と結びついているとされる。牛は牡牛座、鷲は蠍座、人は水瓶座、ライオンは獅子座を表す。

B 裸の女性

『星』でも登場した、ユング心理学の元型のひとつ「アニマ・ムンディ」の姿を連想させる。アニマ・ムンディそのものが、宇宙、つまり世界の化身だ。古くはキリストの姿が描かれていたともされている。

C マンドルラ

女性を取り囲む楕円形の植物の輪は、キリスト教美術において、神を描く時の背景として用いられる、マンドルラ（イタリア語で「アーモンド形」を意味する）だと言われている。

D レムニスカート

植物でできたマンドルラの輪を上下で結んでいるのは、無限を意味するレムニスカートにも見える。『力』のカードにも出てくるので見てみてほしい。

STORY of The World

「宇宙」と「個人」の魂レベルの調和

真ん中の人物は男女両方の性をもつ？

カードの中央には、布1枚をまとった女性とおぼしき人物が、杖をもって踊っているように見える。その周囲には、アーモンド形の輪（マンドルラ）があり、カード四隅には、人間、鷲、雄牛、獅子という4つの生きものの輪を見ることができる。いったい、この構図は何を意味するのだろうか。

多くのタロティストたちによると、中央の人物は、女性ではなく、男性性と女性性を併せもつアンドロギュノスだという。

20世紀のオカルト主義者、アーサー・ウエイトは、この人物は、最高位のイニシエーションを経たマグス（賢者、魔術師）である、と指摘している。魂の深化を最高度に遂げた人物、ということになるのだろうか。一般的なカードの解釈では、『世界』は「完成」を意味する「最高、最強のカード」とされていることもあるほどだ。

ヴィスコンティ版の『世界』を見ると、先のウエイト版のデッキとはまったく異なるデザインとなっている。このデッキの『世界』では2人の童子の姿をした天使たち（プットー）が、宙に浮かび、球体を支えているのだ。球の中に見えるのは、海の中あるいは山の上にそびえたつ城。また、ヴィスコンティ版と時代を同じくするカーリー・イエール版と呼ばれるデッキでは、画面上半分にはラッパと宝珠を手にした女性が、その下にはアーチで区切られた下界が存在し、運河をゆく船、いくつかの城、旗をなびかせた騎士などが描かれている。どちらも、現実にある自然と人間の社会をともに描いているのである。しかし、マルセーユ版のデッキから初めて、ウエイト版のデッキにつらなるデザインの『世界』が登場してくるのだ。

タロットの「世界」は復活するイエスを表している？

現在、一般的とされているデッキのデザインは、マルセーユ版においてほぼ完成したと言っていい。

では、『世界』のデザインはどのようにして生まれてきたのだろう。

マンドルラに囲まれた人物、そして四隅の生きものという構図そのものは、西洋の美術においては一般的なものだ。

そう、これは復活するイエスを表している。磔刑にかけられたイエスが、復活後に昇天する時の図は、タロットの『世界』の構図とそっくりなのだ。四隅の生きものは、「聖なる4つの生きもの」（テトラモルフ）と呼ばれ、聖書のエゼキエル書や黙示録にも登場する。キリスト教の図像学においては、マタイ・マルコ・ルカ・ヨハネの4人の福音書記者を象徴しているとも言われている。

考えれば考えるほど2つのデザインはそっくりだが、しかしここには重大な問題がある。

イエスは男性だが、タロットの『世界』の中央の人物は、一見すると女性に見えるのである！

これまでに、イエスを女性としてイメージすることがまったくなかったかというと、そういうわけでもない。キリスト教信者の中には、時にイエスを「母よ」と呼びかけ

木版画タロットには『世界』の人物をキリストとして描くものもある

る者もあったようなのだ。本来、男性であった観音が、日本に入って女性のようなイメージで描かれるようになったこととも似ているかもしれない。

　とはいえ、あくまでもイエスは男性であるし、女性として描くというのは、教会から見れば、かなりの異端に映ったであろう。一般的なカードの中にそのような教義を盛りこむのは、大胆にすぎなかったであろうか。

人間の魂と宇宙全体の魂が呼応するということ

一方で、多くのタロッティストたちは中央の「女性」を「アニマ・ムンディ」であると解釈している。アニマというのは、ラテン語で「魂」(ちなみに女性名詞)である。英語の「アニマル」や「アニメーション」の語源でもある。ユング心理学になじみのある方であれば、「アニマ＝男性の中の女性的な部分」という専門用語をご存知かもしれない。ルネサンス時代の神秘思想においては、人間や動物だけでなく、「宇宙全体」に魂が宿っていると考えられていた。これは新プラトン主義やヘルメス学に由来する考えである。人間の魂は宇宙全体の魂と呼応し、響き合う。占星術が有効なのも、この宇宙の霊魂と個人の霊魂が共鳴するとされているからである。

「アニマ・ムンディ」とは、この宇宙霊魂のことを指す。まさにこれは「世界」のイメージにふさわしい。ただ、難点といえば、これはあくまでも一種の連想、推測にすぎず、強力な証拠に欠けるということである。

ぼく自身はこのカードを、やはり「世界の魂」として見ることが多い。占い手が、世界の魂と合致して生きることができる兆しと見るのである。それはつまり、自分自身と一致して生きる、ということでもある。

かつてユングは、「自由意志とは、すすんで運命に従う能力のことである」というパラドキシカルな言葉を残していたというが、これはまさに『世界』の感覚ではないだろうか。宇宙全体の流れに調和して生きること、それこそ自己実現、個性化の過程を生きることであろう。

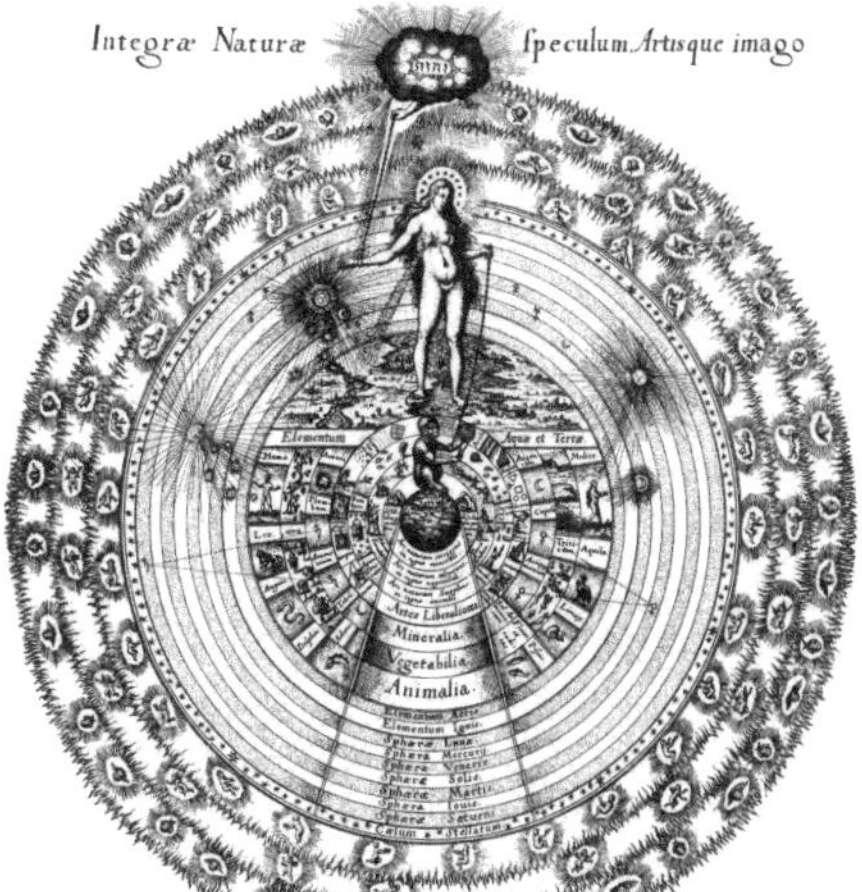

アニマ・ムンディを表す図像。ルネサンスから近代まではこの世界そのものに魂があるとされ、その魂は女性の姿で描かれていた

COLUMN

ウエイト＝スミス版タロットとは？

タロットで遊ぶためには、まずはタロットそのものを手に入れなければなりません。今はネットショップなどで世界各国の美しいタロットを手に入れることができますし、また、大手書店に行けばカードつきのセットを見つけることができます。まさに選よりどりみどり。タロットをコレクションするのも楽しいですよね。ちょっと占いを楽しみたい、ということなら、お気に入りの文具を選ぶ感覚で気に入ったものを選んでみて結構です。

ただ、ちょっとマジメにタロットを学ぼうとするならぜひ、手元に置かなければいけないのが、「ウエイト＝スミス版」（あるいはライダー版と呼ばれます）というデッキ。

これは20世紀初頭に英国の魔術結社「黄金の夜明け」団の団員であったアーサー・エドワード・ウエイトの監修のもと女性の画家パメラ・コールマン・スミスが描いたもので、おそらく現在、世界中でもっとも愛用されているもの。本書でもメインの解釈にはこのカードを採用しています。

このタロットの最大の特徴はそれまでトランプのように記号のアイテムだけで構成されていた小アルカナをすべて絵札に描き変えたこと。この画期的なアイデアでウエイト＝スミス版は世界中で愛されるようになりました。

今では各国語版や出版当初のものを再現しようとしたものなどウエイト＝スミス版自体もたくさん種類が出るようになりました。またこのタロットをお手本に多くの現代的なタロットがつくられています（代表的なところでは「ユニバーサルウエイト」「アクエリアンタロット」などなど）。

なお、本書に掲載させていただいたウエイト＝スミス版の図版は世界的なタロット研究者、夢然堂さんが所蔵されるパメラAと呼ばれる貴重なオリジナルです。ここに記して感謝いたします。

PART 2

MINOR ARCANA

小アルカナ

MINOR ARCANA 小アルカナ

大アルカナと並んでタロットの構成要素となっているのが「小アルカナ」だ。アルカナとは「秘密」という意味。したがって「小アルカナ」は「小さな秘密」ということになる。このように言うと、小アルカナの方が大アルカナよりも随分重要性が低いものだと思わせてしまいそうだが、けっしてそんなことはない。

すでにお話ししたように、アルカナという言葉は19世紀に入ってからタロットに結びつけられた用語だし、カードのルーツとしては今で言う小アルカナの方が古いものだ。ただ、『死神』や『恋人』といった強烈なイメージをはらむ切り札（大アルカナ）に比べると、トランプのような数札から意味を連想することは難しく、また枚数も多いためついつい「後回し」にされてしまいがちなのは事実である。

小アルカナはスタンダードなものでは56枚からなっている。その内訳は、それぞれ14枚ずつの4つのスート（組）に分けられる。棒、杯、剣、金貨の4種類で、それぞれ、今のトランプでいうクラブ、ハート、スペード、ダイヤに相当するとされる。それぞれのスートには、エースから10までの数札、そして、キング、クイーン、ナイト、ペイジ（従者）の4枚の人物札が含まれている。構成は通常のトランプとそっくりであることがわかるだろう。そう、人物札が1枚多いことを除いては同じなのだ。現在のトランプは、このタロットの小アルカナと兄弟関係にあるのだから。

ここで図版として採用したのは、20世紀に入ってから（正確には1909年）英国でオカルト主義者のアーサー・エドワード・ウエイトが、女性の画家パメラ・コールマン・スミスに描かせた、「ウエイト＝スミス版」タロットだ。このカードを見ると56枚の小アルカナすべてが絵札になっていることがわかるだろう。通常のトランプとは全然違う、と思われるかもしれない。

しかし、もともと、タロットの小アルカナと呼ばれる札は、こんな絵柄ではなかったのだ。ここでは、現存する最古のタロットとされる15世紀イタリアのものや、ウエイト＝スミス版以前に普及していた木版画のタロットなどを紹介したい。たとえば剣のであれば、トランプのスペードの3と同じように、剣が3本並んでいるだけだ。これがウエイト＝スミス版では、ハートに剣が3本刺さっている、実に印象的な絵に変わっているのだ。剣の3は、タロット占いでは悲しみや傷心を表すのだから、まさに占い上の意味が絵柄で表現されているといえる。

実はこれがウエイト＝スミス版の画期的なところなのだ。従来の数札であれば、占いの意味は、丸暗記する他ない。56枚の札の意味をまるごと暗記するのはなかなかハードルが高いことだ（伝統的には正しい向きに出た場合と逆向きに出た場合では意味を読み替えるからさらにたいへん）。これが78枚のタロットを使うことへの大きな障壁になっていたのだが、ウエイト＝スミス版では、すべてをシンボリックな絵柄に置き換えることで、よりイメージがわきやすくなったのだ。

では、こうしたタロットの小アルカナの意味は、どのようにしてひもづけられていったのだろうか。

考えられるルーツは2つある。まずひとつは、ウエイトも属していた、19世紀末から20世紀初頭の英国の魔術結社「黄金の夜明け」団における教義だ。この結社では、タロットをユダヤの秘教であるカバラの宇宙図、生命の樹と結びつけていた。この図形は宇宙の構造を示す設計図のようなものだとされているが、10の球とそれを結ぶ22本の経路から成り立っている。それぞれの球は唯一の神のさまざまな属性を表しているとも考えられているが、それが小アルカナの1から10に相当するとしたのだ。またキングは男性原理の2の球「コクマー」、クイーンは女性原理を示す3の球「ビナー」、ナイトは調和を示す6の球「ティファレト」、そしてペイジはこの世界を示す10の球「マルクト」に配当した。スートは棒が火、杯が水、剣は風、金貨は地とされ、またこれらはカバラーでの4つの世界にも対応すると考えた。小アルカナの意味はこれによって引き出されているのだ。

ただ、どうもこの体系的な説明だけではうまく解釈ができない、あるいは苦しいものも多いのである。そこには「黄金の夜明け」団以前の伝統的なカード占いの伝統が反映され、ハイブリッドなものになっている。その解釈は18世紀フランスのカード占い師エテイヤの著作にさかのぼると考えられるが、そのあたりの歴史的な経緯についてはまた稿を改めるとしよう。

ここではウエイト＝スミス版の絵柄を用いつつ、そこからイメージを広げ、小アルカナの解釈を深めていきたい。このテキストがあなた自身の解釈を導くことになれば幸いだ。

小アルカナ意味早見表

小アルカナのカードは、その枚数の多さから、とっつきにくいという声をよく聞く。ここでは、小アルカナを身近に感じるための、記憶のとっかかりとなるようなキーワードを集めてみた。ぜひ、あなたの占いに小アルカナも加えてあげてほしい。

SWORDS【剣】	PENTACLES【金貨】
客観性の芽生え	新たな生き方
判断を保留	やりとりを楽しむ
別れの悲しみ	収穫の喜び
静かな思考	富を抱えこむ
相手を知る	苦しみの絆
新たな舞台へ	富を配分する
短期で得るもの	次のステップ
限界の先へ	努力と忍耐
不安に駆られる	満ち足りた時間
現実への不満	幸福の維持
新しい風	チャンス到来
考えながら動く	最初の実り
経験による判断	堅実に動く
知のカリスマ	確固たる地位

	 WANDS【棒】	 CUPS【杯】
ACE《エース》	勢いのあるスタート	純粋な気持ち
2	冒険への躊躇	緊張感ある関係
3	最初の成果	公認の関係
4	共に喜ぶ	マンネリ化
5	生じるほころび	欠落の痛み
6	飛び抜ける	与える喜び
7	油断せず臨む	幻想におぼれる
8	急速な再稼働	手放す勇気
9	戦いの前夜	成功と不満
10	試練後の大成功	心からの充足
PAGE《ペイジ》	熱意ある新人	無垢な青年
KNIGHT《ナイト》	目標まっしぐら	感情に訴える
QUEEN《クイーン》	力を発揮する	母の包容力
KING《キング》	強力なリーダー	寛大な父親

ACE of CUPS

ACE of WANDS

ACE of PENTACLES

ACE of SWORDS

I

物事のはじまりの純粋なエネルギー

一般的に小アルカナは具体的な出来事を象徴していると言われるが、エースはちょっと違う。むしろ抽象的なエネルギーだと言える。エースは、「1」。物事のスタートを象徴している。オカルト哲学の基本をなす新プラトン主義やカバラでは、「流出論」と呼ばれる世界観がある。純粋な「光の存在」から、光が「流出」し、だんだんと薄く（または粗雑に）なりながら物質になっていくイメージである。エースは、流出がまさにはじまろうとする時の、純粋な状態を象徴している。

SYMBOL of Ace

棒《ワンド》のエース

「火」を象徴する棒は、火、地、風、水の4つの元素の中でももっとも純粋なエネルギーだ。棒のエースは、新しい、純粋なエネルギーが、今にもほとばしろうとしていることを示している。宇宙や世界を動かすダイナミズムや、生命力そのものを表していると言えよう。それはつまり「物事をスタートさせよう、駆動させようという強いエネルギー」「健康や生命力、熱意をもって物事に取りくむ力」だ。

作為や複雑なはかりごとなどをせず、まっすぐにぶつかっていこうという姿勢や状況を暗示している。

杯《カップ》のエース

杯のエースもまた、流出の最初のポイントであることは間違いないが、そのエネルギーは感情や愛情、やさしさを象徴する「水」だ。このカードは純粋な心のエネルギーが動きはじめていることを表している。たとえば、初恋。あの人が気になる自分にとまどいながらも、胸の鼓動を感じてしまう。そんなムードが含まれている。

もちろん、その感情は恋愛だけに限らない。純粋に何かに憧れ、ひきつけられることを示しているとも言えるだろう。このカードは、純粋な思いから発したものが、素直に流れに乗っていくということを示している。

剣《ソード》のエース

剣は「切る」ものであり、「分ける」ものでもある。たとえば、ぼくたちが恩恵を受けている近代の西洋医学は、Anatomy、つまり解剖からはじまった。メスは一種の剣であり、それが人体を「切り分ける」ことで、飛躍的に進歩したのである。

また、中世の宮廷愛では、騎士と貴婦人が夜をともにする時、2人の間に剣を置いたという。これは一線を超えないという誓いを示すものであった。「境界線」をつくること。冷静に物事を見ていくこと。甘えないこと。自分の気持ちをダダ漏れにしないこと。剣はこういう強さを象徴する。

剣のエースは、自分が何かから切り離され客観性をもちはじめたことや、明晰な思考をはじめたこと、正義と公正さを求めはじめたことを意味するのだろう。

金貨《ペンタクル》のエース

人は地に象徴される肉体をもって生きている。「お金がすべて」ではないけれど、お金はこの世界で生きるために必要なものだ。経済は、ぼくたちの生を支える食物や水、エネルギーと結びつき、交換の媒介となっている。金貨のカードは、こうしたものを象徴している。一言でいえば「現実」なのだ。「味わうこと」「セックス」「体を動かすよろこび」も、「金貨」の象徴する物質性がなければ、手にすることはできないだろう。金貨のエースは、自分の体、仕事、お金、などの「物質」と、新しい向き合い方が生じてくることを示している。それは新しい仕事かもしれないし、自分の体を支える新たな生き方が生まれようとしているのかもしれない。

2 of CUPS

2 of WANDS

2 of PENTACLES

2 of SWORDS

II

2つに分かれることで、誕生するものたち

2は単なる量としての2ではなく、Twoness、2性という意味をもっている。受精卵を考えてみよう。そのままではまだ「何もない」が、それが2つに分裂した時、すべての「コト」が生まれ出す。対立、共存、調和、客観性、互いの認識など……すべてがそこから誕生してくる。だからこそ「2」は、極めてアンビバレントだ。すべてが充足した「1」であれば、この世界に悩みや問題は生じないのだ。2を生み出す「分かつ」力は、極めて男性的なものだ。

SYMBOL of 2

棒《ワンド》の2

棒の2は、火のエネルギーの葛藤を表している。描かれているのは、商人のような男性が、地球を片手に遠くを見ているところだ。世界を手に入れたように見えて、その視線ははるかな大海原に向けられている。今の世界へのこだわりと、遠くの世界への憧れという矛盾や葛藤を象徴しているのだろうか。現代アメリカを代表するタロティストのレイチェル・ポラックは、「安全と冒険の間の選択」を意味するという。

このカードが出た時には、何か強く動き出そうとしている物事があるが、一方で、それをブロックするような動きもあると考えられる。その時に生まれる葛藤をどのように見ていくかが大事なのだろう。

杯《カップ》の2

「愛」を象徴するカードである。図上にも、男女が見つめ合うシーンが描かれている。しかし、これは「2」だ。互いを見つめ合う視線には、対立の要素も含まれる。自分と相手を比較して競ったり、自分と相手の何が違うのかを考えたりしているのではないだろうか。このカードは、何かの関係がはじまりつつあることと、互いに強くひかれ合っていることを示している。一方で、そこには緊張感があるように思えるのだ。

剣《ソード》の2

剣が象徴する「知性」は、物事を「腑分け」して考える力である。2は物事を分断する最初の数であり、ダイナミックな動きを示してもいる。2つを組み合わせると、最初に剣＝知性をふるう時のためらいと、その重圧を示しているようにも見えてくるのだ。剣をふるう時には、情緒的な目を隠し、剣の重さを感じながら、それを文える力を保持しなければならない。このカードが出た時、あなたは判断を下すことにためらいを感じているのかもしれない。冷静になるべく、自分の世界に引きこもろうとしている。今は動く時ではなく、自分自身に立ち返り、その剣の力のふるい方を考えるべき時である。

金貨《ペンタクル》の2

道化のような人物が、2つのコインをジャグリングしている。「物質」を象徴する金貨は、2の段階に入って初めて動き出す。「交換」が生まれるからである。

おもしろいのは、これが「1人遊び」だということだ。この交換に富の蓄積はない。交換のための交換なのだ。人は交換することによろこびを感じる。使用価値がないものでも、心がこもっていれば、交換そのものに意味を見出すのだ。金貨の2の「無限大の交流のダンス」は、交換そのものの価値を表している。このカードは、言葉や価値が柔軟に交換されていることを示している。また、不公平が生じないよう、絶妙なバランスをとりつつ対応しているというイメージだろうか。

3 of CUPS

3 of WANDS

3 of PENTACLES

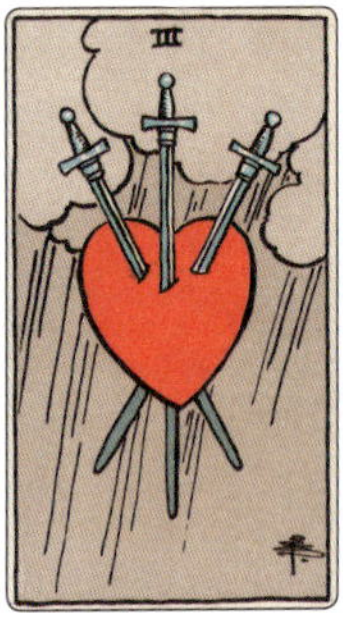
3 of SWORDS

III

一番初めに与えられた「かたち」や「成果」

3は、キリスト教の三位一体をはじめ、極めて重要な数と言っていいだろう。ピュタゴラス派の解釈では、男性（1）と女性（2）の結合でもあることから、結婚を意味するとされていたようだ。弁証法的に言えば、陽と陰の結びつきから新しい何かが生まれる、ということでもある。「創造性」や「最初の完成」などの意味が生じてくるとも言えそうだ。カバラでは、3は生命の樹の3番目の天球「ビナー（理解）」にあたる。「大いなる母」と関連し、「かたち」を与える場所だ。

SYMBOL of 3

棒《ワンド》の3

棒の3には、ゆったりとした衣装を着た人物が、断崖から海を見下ろしている姿が描かれている。棒の強いエネルギーが、「かたち」になったと解釈すれば、眼下の船は、最初の成功のしるしに見えてくる。投資したエネルギーが、最初の積み荷を載せて港に戻ってくるのである。このカードは、最初の成功を意味している。まずは、よろこんでいい。まだまだやることはたくさんあるが、ひとまずこれまでの努力の成果は出たと言えるだろう。特にビジネスなどについては幸運を示すカードだ。

杯《カップ》の3

杯の3は、「情緒」が「最初のかたち」になることを示している。杯の2は、恋の最初のステージを示すものであったけれども、3ではそれが一歩進展し、穏やかでしっかりとした結びつきとなっていく。カップルは、2人だけでは存在できない。家族や社会といった、より大きな世界に組みこまれることで、社会的に認められていく。このカードでは、3人の女性が手に手を取ってダンスをしている。これはギリシャ、ローマの伝統的な図像で「三美神＝Grace」と呼ばれるものだ。あふれる感情、周囲からの祝福、愛をもたらす力を表している。また、「結婚」「妊娠」を暗示するかもしれない。

剣《ソード》の3

3本の剣がハートを貫いている。ウエイト＝スミス系の小アルカナの中では極めて恐ろしく見える図像のひとつだ。悲嘆、悲しみ、喪失というイメージがいやでも浮かんでくる。「風」のエレメントに相当する剣は、そもそも「分節化」のシンボルである。そこでこのカードは、この世界での「分節化」「分化」を知った時の、原初的な悲しみを象徴している。親は子どもから離れなければならない。人とは別れなければならない。仏教用語でいえば「愛別離苦」である。しかしそれは、人が「独立できる」ということのもうひとつの面でもある。別れと分離の悲しみや、不安を象徴するカードだが、それを受け入れることで大人になれることも表している。

金貨《ペンタクル》の3

職人たちが教会建築にかかわっているところが描かれている。ヨーロッパの建築は、職人的なものであった。ヨーロッパの古い建物は「石造り」なのだ。そこには、自然の素材(石)を巧みに操ることができる人、というシンボリックな意味がある。金貨は「地」のエレメントに相当し、物質を象徴するものだ。このカードは、「2」で生まれた物質的なものの動きを、「3」で操作できるようになったことを示している。仕事や勉学での最初の成功や成果などを表していると言えるだろう。

最初の実りは小さいかもしれないが、それを収穫した時のよろこびを自分の中に取りこめば、今後、あなたの支えになるはずだ。

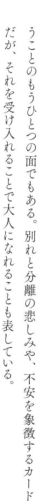

IV

ユングが注目した、「全体性」としての「4」

4 of CUPS

4 of WANDS

4 of PENTACLES

4 of SWORDS

日本では「死」を連想させるということで、あまりいいイメージをもたないかもしれないが、ヨーロッパにおいて「4」は、4大エレメントや4つの方位などを表す、この世界のバランスそのものを象徴する数である。心理学者のユングは、4をとりわけ重視した。多くの患者が、心のバランスを取り戻す時に、夢の中で「円と十字」から成り立つマンダラのイメージを見ることを発見したからだ。十字は、4つの方向を指すもの。**この4こそが、心の全体性を象徴すると考えたのだ。**

SYMBOL of 4

棒《ワンド》の4

城を背景に、2人の人物が手を挙げてよろこびを表現している。背後には幸福そうな人々の姿。棒は美しいアーチをつくっている。棒の1ではじまったプロジェクトは、4で一度安定し、結果を出す。成功した計画は、自分1人だけでなく、家族を含めた多くの人のよろこびにつながっているのだ。どんな野心を実現しても、1人だけではよろこびにはつながらない。それは誰かとともにあるよろこびであり、祝い合う気持ちということなのだろう。このカードが出た時は、誰かとともに祝うことができそうだ。神からの祝福である結婚を表すこともある。

杯《カップ》の4

男の目の前には、3つの杯がある。4つ目の杯が差し出されているのだが、その杯には手を出そうとしない。感情に「安定」や「完成」はあまり似合わない。水が流れるためには、まだ水がないところが必要なのである。このカードは「いっぱいいっぱい」な状態を示している。新しい可能性があってもそれに手を伸ばすことができない状況、あるいは食指が動かない状態なのだろう。心の部分においても「腹八分目」が大事になる。飽きてしまうことが一番怖い。このカードは、そんな「飽き」とどのように向き合い、乗り越えていくのかを示すのではないだろうか。

剣《ソード》の4

教会とおぼしき場所で、騎士が横たわっているところが描かれている。この騎士が死んでいると見る向きもあるようだが、両手を胸の上で合わせるポーズは、死者にはできないものであろう。瞑想に耽っている、あるいは、心身を休めている状態ではないだろうか。思考は常にさまざまなことを考え、休むことがない。しかし、時にはそれを鎮めないと聞こえてこない静かな音もある。剣の4は、そんな瞑想的な知性の状態を象徴している。騎士は剣を手にしていない。「安定」した状態で、その使い方を考えているのではないだろうか。情報機器に囲まれている現代において、ぼくたちはいつも情報という剣に切りこまれている状態だ。しかし、それでは疲弊してしまう。時にはサンクチュアリで、静寂にひたることも必要、ということだろう。

金貨《ペンタクル》の4

王冠をかぶった人物（といっても王や皇帝のような威厳はない）が、4枚の金貨を抱えこんでいる。これは、金貨のエースではじまった物質的成長が、ひとつの完成を迎えた状況であろう。これまでコツコツと蓄積したものを、他に奪われまいと「守り」に入っている。しかし「守り」では、経済的にも精神的にも成長は見こめないのも事実である。経済や物質は、ひとつの生命である。手元の「種子」を「元手」としてまき、「増殖」させる。動きがなければ経済は「回らない」。いったん、得たものを味わい、落ち着くことも大事だが、それを再び回しはじめないと、心の、あるいは物質的貧しさとなって戻ってくるのだ。

5 of CUPS

5 of WANDS

5 of PENTACLES

5 of SWORDS

V

安定の破壊は吉と出るか凶と出るか？

小アルカナの「5」は凶札として扱われることが多い。1ではじまったものが2で最初の動きを見せ、3で一応の完成を見せる。4で、その動きが停止し、安定した状態になる。1から10までの中では、「5」が折り返し地点であり、再びその安定を破る状況が生まれる、とも読めるのである。何か暴力的なかたちで、激しい状況が生まれると考えられるのだ。とはいえ、それは必ずしも悪いことではない。停滞した状態を打ち破ることができるという朗報にもつながるのである。

SYMBOL of 5

棒《ワンド》の5

男たちが、棒を手に戦いを繰り広げているところが描かれている。この戦いの武器は、棒であって、ピストルや剣ではない。あくまでも、肉体の延長線上での戦いなのである。どんなに平和な状況であっても、ほころびが生じ、さまざまな衝突が起こることがある。きっとこれが、「5」の状態であろう。それは内部分裂かもしれないし、現状に満足できず、新しいことをはじめようかと迷う葛藤を意味しているのかもしれない。あなたには今、「敵」がいるかもしれない。しかし、それもまた、新しい状況を生み出すカギとなるかもしれないということだろう。

杯《カップ》の5

カードの人物は、倒れた杯を悲しそうに見つめている。4では、与えられた杯に不満を抱いているようだったけれど、5では、杯そのものがひっくり返ってしまって、中身がこぼれてしまった。これは、実際に何かを失う悲しみを表しているのかもしれない。しかし背後にはまだ、杯は2つ残っている。すべてが失われたわけではないのだ。5の暴力性は、あなたから何かを奪ったようにも見える。すべてを失ってしまったと感じることもあるかもしれない。しかし、そんな時でも、まだ杯は残っているのである。心の中の水は、そう簡単には枯れることはないということを、このカードは示しているのだろう。

剣《ソード》の5

20世紀のタロット占いの母、イーデン・グレイなどは、このカードに「肉体的、物質的な力による圧政」という意味を与えている。男の表情からうかがえるのは、相手を完全に圧倒した時の冷酷さだ。後味の悪いカードではあるが、ここから学ぶべきは、この世にはやはり不均衡があるということだ。相手を圧倒したものは、やがては逆の立場になるのが相場である。このカードが出た時には、まずは自分の力を相対的に見て、自分が取るべき行動を判断することが大事かもしれない。「自分を知ること、敵を知ること、環境を知ること」が最大の戦術。時には引くことも勇気、ということをこのカードは示しているように見える。

金貨《ペンタクル》の5

参考になるのは、やはり当代一のタロティストと呼ばれるレイチェル・ポラックの解釈だ。『タロット バイブル』（２０１２年、朝日新聞出版）によると、このカードは、アウトカーストの人々のあいだでのコミュニティ、ひいては「苦しみを通してつながっている関係」を象徴することもあるというのだ。シングルペアレントや性的マイノリティなど、階層化されたつながりの力は、時に大きな癒やしの力ともなる。が、「同病相哀れむ」もいきすぎると、今度は他の階層ないしはトライブ（種族）への、個人の移動を無意識的に阻むようになることもある。ルサンチマンはエネルギー源にもなるが、建設的に使わないと、自分自身を毒することにもつながる。このカードが出た時にはそのバランスが重要になるのだろう。

6 of CUPS

6 of WANDS

6 of PENTACLES

6 of SWORDS

VI

「6」が意味する「調和」と「不均衡」

伝統的に6には調和的な意味があると考えられている。しかし、現代を代表するタロット研究家レイチェル・ポラックは、ウエイト＝スミス系のデッキでは6のカードすべてに、ある種の「不均衡」が見られるという。『棒の6』では、1人の人物だけが馬に乗り、他の人物は、徒歩で移動している。『杯の6』はもっとはっきりしていて、年長の子どもと幼い子どもの対比が見られる。剣、金貨でも同様に、このような動的な「非対称性」が見られるのだ。

SYMBOL of 6

棒《ワンド》の6

棒の6では、月桂樹の冠をかぶった人物が、馬に乗って晴れやかに行進する姿が描かれている。棒の5で、一種の群雄割拠であったような状態から、1人抜け出し、リーダーとして実力を発揮していくことができる状態になった、ということなのである。このカードをひいた時は、自信をもって物事を進めていくことができるだろう。しかしその分だけ、あなた以外の他の人々が「フォロワー」になっている。そのことに敏感にならなければ、苦しいことになりそうだ。

杯《カップ》の6

杯の6の図では、年長の女の子が年下の女の子に、花の入った杯を渡している。これは「贈与」のよろこびを示す一方で、ある種の優位性の誇示でもあるとも考えられる。子ども時代への固執は、過去の隠蔽や現実逃避であるとポラックは指摘している。一方でポジティブな見方をすれば、この杯の6は、損得などにかかわらず、もてるものを与えたいという気持ちや、あるいは実利的ではないものを相手にプレゼントすることで、純粋なよろこびを感じとりたいという気持ちを表している。プレゼントは時に相手に負い目を感じさせる「攻撃」にもなる。しかし、相手からの「お返し」をもらうことで、動的なバランスが発生する。この複雑な回路が、この世界の人間関係を回しているということを、このカードは示しているように見える。

剣《ソード》の6

渡し守のような人物が、剣が刺さった小船をこぎ進めている。そこには、うなだれた表情の、布をかぶった大人と子どもが乗っている。このカードは、死者の世界へと旅立つ人物であるように見えて仕方がない。ギリシャ神話では、カロンという渡し守が、冥府の世界へ向かう船を進めてゆくのだ。ウエイトはこのカードに、「船の旅」という文字通りの意味をあてている。剣が知性であることを考えると、これは何らかの思考の枠組みの「越境」を示すのではないだろうか。それはある意味では、古い自分が死に、新しい世界に行くということであるのかもしれない。このカードが出た時には、なかなかわかり合えなかった人と言葉が通じるようになる、ということがありそうだ。また、実際の旅の可能性が出てくることも。

金貨《ペンタクル》の6

商人のような人物が、天秤を手に、貧者にお金を施している。これは社会における富の再分配を示すものだろう。しかし、もてる者も無尽蔵にもっているわけではないし、社会の財をどのように配分するかを考える上では、公正さ（天秤）が重要になる。格差の是正が行われるのだ。その一方で、格差は縮まっていないようにも見える。もらう側からすれば、何かを得るには、時に頭《こうべ》を垂れなければならない、ということを意味するのであろうか。このカードが出た時には、あなたがもっている有形、無形のものを誰かに渡す時かもしれない。あるいは逆に、誰かに謙虚な気持ちで何かを頼むことになるかもしれない。

7 of CUPS

7 of WANDS

7 of PENTACLES

7 of SWORDS

VII

完成形のその先にあるもの

7は数秘術的に言えば「マジックナンバー」である。7つの惑星、7つの曜日、世界の7不思議など、7をキーワードとするイメージは世界的各地に存在している。ひとつ前の数字である6は3の倍数であり、ひとつの調和、完成であった。その次の数である7には、一度完成したものを振り返り、それを改めてみる、というイメージがあるように感じるのだ。一度、今の状態を振り返り、自分が手にしている有利なことと不利なことを洗い出してみよう。

SYMBOL of 7

棒《ワンド》の7

このカードに描かれている人物は、有利な立場にいるとはいえ、さほどの高みにあるわけでも堅牢な城砦にいるわけでもなく、むしろその足場はよくないようにさえ見える。いつ転落してもおかしくないような状況である。ぼくにはこのカードが、現代社会で働く人々を表すように思えてならない。いつも動きつづけていなければならない、どこか緊張した様子が見られる。棒の7が出た時には、ある種の覚悟をもってことに臨むことが必要だ。それによってしっかりと今の立場を守りとおし、次のステップに行くことができるだろう。

杯《カップ》の7

今、素敵だと思うことがあったとしても、それは自分自身がつくり出した、一種の蜃気楼《しんきろう》のようなものかもしれない。特に恋愛面では注意した方がいいだろう。自分自身に対して少し客観的になった方がいいのかもしれない。しかし、どんなカードにもよい面があるものだ。たとえば、湖の上に霧がかかっている時。曇ったガラスから見える窓の外。景色がいつもよりもずっと美しく見えることはないだろうか。現実そのものを、少しばかりソフトフォーカスで見ることでわかる、景色の美しさもあるだろう。イメージを通して味わえるもの。そこに埋没、陶酔さえしなければ、きっと楽しめるものもあると思うのである。

剣《ソード》の7

知識や経験を「盗む」ことはできない。本人が実際に体験したことしか、経験にはならないのである。だからこそ、このカードに描かれた人物も、すべてを盗んだつもりで、何か大事な2本のものを置き忘れてしまったのではないだろうか。このカードは、経験や知識を拙速に吸収しようとした時のプラス面とマイナス面、そして何かを狡猾《こうかつ》に得た時の代償を示しているようにも見える。しかし、自分がそのことを織りこみずみなのであれば、このあわただしい現代において、それは問題ないことなのかもしれない。また、何らかの利益を得る時のスピード感と、そのメリット・デメリットについて考えてみることが必要、ということでもあるのだろう。

金貨《ペンタクル》の7

なかなかユニークなカードである。農夫のような男が、実った金貨をじっと見つめている。あなたはこの人物の表情をどのように見るだろう。まだこれだけしかできない、というふうに見るだろうか。あるいは、「これだけできた！」という満足感を得るだろうか。いずれにしても、6から7へのシフトには次のビジョンや行動がともなっていく。ひとつの仕事が終わり、次のステップを考えるステージにいるのだ。これまでを振り返りながら、今を見つめ、いいことと悪いことを受け入れつつ、次へ向かう。そうして初めて、いろいろなことがあなた自身のものになっていくのである。

VIII

積み立ててきたものを手放す時

8 of CUPS

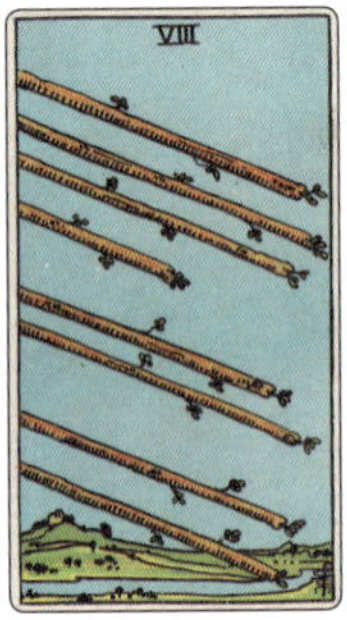

8 of WANDS

8 of PENTACLES

8 of SWORDS

8は、物質そのものを象徴する「4」（4大元素を表すため）の倍数であることから、現実的な基盤の上に建てられる何かを示している。ただし、そのためにはこれまでもっていた何かを一度手放して、再生させなければならない。占星術で「8ハウス」は、「死と再生」のハウスでもある。一方、カバラの生命の樹の伝統では、「8」は「栄光」を象徴するホドに相当するが、ホドは占星術における水星、つまり知性の惑星だ。

SYMBOL of 8

棒《ワンド》の8

レイチェル・ポラックは、この札に、ウエイト＝スミス系デッキのカードの中で唯一、人物の姿がないという点に注目している。人為的な試みや、誰かの意図とは関係なく、状況が勝手に変化してきていることを意味するのかもしれない。伝統的な占いでは、このカードは変化が迅速《じんそく》に、立てつづけに起こっていることなどを表している。

ぼくとしては、この「矢」がどちらに動いているように見えるかが気になる。上に飛んでいると感じるなら、高みに向かっている状況。下に動いていると思うなら、何かが「着地」する方向に動いているということだ。目まぐるしい変化に対応するのはたいへんだが、その分だけ新鮮な刺激が与えられるだろう。

杯《カップ》の8

どんなものでも「潮時」はある。これまでもっていたものを手放し、次のステップへ移行する時がやってきたことを示している。自分でも、もう十分やりきったと感じているのではないだろうか。しかし、手放すのはあまりにも惜しくて、しがみついている状況だ。寂しさもあるだろう。だが、その「寂しさ」を手放す勇気をもつことが、今のあなたには必要だ。

状況は、現状のままでいようとすると淀んでいく。何かを打ち立てたら、さらに別な領域でステップを積むことも必要なのではないだろうか。

剣《ソード》の8

女性が目隠しをされて縛られている。おまけに、剣に囲まれて身動きがとれない、にっちにもさっちにもいかない状況だ。このイメージは、占いに向き合う時の多くの状況にあてはまるのではないだろうか。どちらに動くべきか自分では見えない（目隠し）。いや、多少は動けることがわかっているが（足は縛られていない）、動くのも怖いし危険があるように見える（剣が四方を囲んでいる）。自分には何もできない、と感じさせられる状況かもしれない。

しかし、その状況も長い人生の中では必要ではないかと思う。自分の能力の限界を感じ、それによって現実的なアクションを起こせるようになる。自分の新しい側面を引き出し、独立心をはぐくむ。自分をストイックに縛ることで、ひとつのことに集中できる、というふうにも見えてくる。

金貨《ペンタクル》の8

この絵を見ると、職人の見習いのような人物が一生懸命に金貨を彫りこんでいるのがわかる。この人物の作品が「一点もの」であると見ることもできるし、まだ腕が未熟なのだと見ることもできる。金貨のもつ物質性と、8のもつ物事を定着させていく力が合わさっているとも言えるし、または、水星のもつ知的トレーニングの側面を意味することもあると言えるだろう。これは、じっくりと自分のスキルを磨いていく、ストイックな状況を意味しているようだ。

この金貨の8の札を見ると、ぼくはいつも、日々の鍛練やコツコツした積み重ねの重要さと、そのことを学ぶ機会が来ていることを感じるのである。

9 of CUPS

9 of WANDS

9 of PENTACLES

9 of SWORDS

IX

成熟へ向かう最中の数

9は、特別な数である。というのも、一桁の数の中で9は最大のものであり、「10」という「一桁上がる」ものの一歩手前にあたる数だからだ。東洋でも、「9」は「陽がきわまった状態」とされている。奇数が陽、偶数が陰とされているため、そのように解釈される。西洋の数秘術では、9はすべての数の要素を内包した、成熟した数とされている。そこでタロットの中でも「9」は、ぎりぎりまで円熟した、完成に向かう体制を示すものだとされているわけである。

SYMBOL of 9

棒《ワンド》の9

火は、非物質的なエネルギーの象徴であるが、神秘学では、これが次第に物質へと結晶化していくと考えられている。つまり、アイデアやエネルギーが徐々に実現化していく状況だ。このフェンスで囲まれたサークルの中には、火のエネルギーが集中している。アイデアや情熱を凝縮している最中なのだ。ならばその時には、よそから余計な情報やアイデアを入れてはいけない。それが「防衛」のイメージと結びつくようになったのではないだろうか。このカードは、緊張感に満ちた中で、防衛的な状況にあること、さらには、あなたの中に、暴発寸前のパワーがある状況を表している。

杯《カップ》の9

一般的に、このカードが出ると、願いがかなうとされている。占いの場では特によろこばれるカードだ。しかし、ここでカードの絵を見てみよう。太った男が腕を組み、杯を並べた台の前に座っている。ここでも「防衛」というイメージが浮かんでくる。腕組みとは、自分の心を開いていないというボディランゲージなのだ。

感情や愛（杯）が、成熟してきている状況（9）と、このカードのイメージはかなり違っている。経済的な成功と精神的な成熟は、かならずしも比例しない。表面的な成功の中で、どのように精神的充実や円熟を得ていくかがひとつのテーマになるのだろう。

剣《ソード》の9

ベッドにいる人物が手で顔を覆い悲嘆にくれている。背後には9本の剣。このカードはいったい何を象徴するのだろう。絵だけを素直に見てみると、眠れない夜を過ごしている状態や、悪夢を見て深夜に起き出してしまった、そんな状態にも見えてくる。

レイチェル・ポラックは、この人物がかけている毛布に描かれた星座や惑星の記号に注目している。ポラックいわく、それはこの人物が宇宙の摂理に守られていることを示しているというのである。「夜も眠れない」時には、思ったほど状況は悪くない。その不安を払しょくできれば、きっと人生はうまくいくだろう。このカードが出た時には、決して楽観的になれる状況ではないものの、暗い妄想の中でそれを増幅しすぎないことが大事である。

金貨《ペンタクル》の9

一般的にこのカードは、自分をよくコントロールできていることを象徴しているとされる。この図は、自分の力に静かな自信をもてている状況を示す。鳥はいつでも飛び立てるけれど、居心地がよいため、好んでとどまっている。女性もそうした自由な客を歓迎しているようだ。

経済的に自立した状態で、心の安定と自由、どちらも手にした状況、というのがしっくりくる。それは、永続性を得るところまでには至っていないものの、その中での居心地のよさというのがあるのである。

10 of CUPS

10 of WANDS

10 of PENTACLES

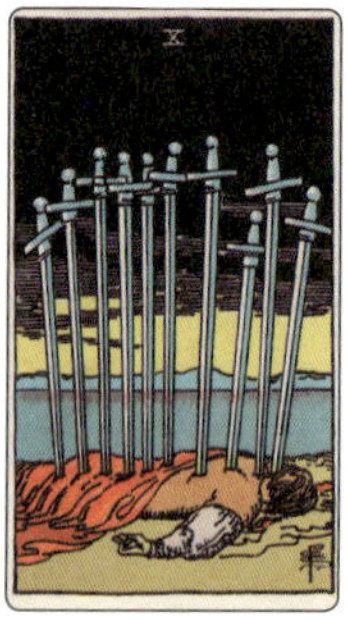

10 of SWORDS

X

アイデアは最大値に至り、結晶化する

10は、小アルカナの数札では最後の数にあたる。一桁から二桁目に上がる数であり、サイクルが1周することを示している。カバラでは、「10」は生命の樹の上の「マルクト」（王国）に相当し、これは神の純粋な光が、物質という「粗雑」ではあるが「堅い」領域へと結晶化する様子を表している。西洋の神秘思想では、世界の創造主のアイデア、イデアからこの世界が設計されることになるわけだが、そのミニチュア版がこの世界でも展開されていることになる。

SYMBOL of 10

棒《ワンド》の10

10本の棒を抱えた人物が、うつむきながら、足をひきずって歩いている。彼は城の中に資材を届けに行くようだ。彼には「荷が重い」仕事だが、意志さえつづけば、ゴールにたどり着くことができるだろう。このカードが出た時は、何か大きな重圧を抱えていることを示している。実際の経験であるが、ある女性がこのカードを引いた。海外で店を開く直前で「これはたいへんかもね」なんて冗談めかして言っていたのだが、その通りになった。だが、店が完成すると、大きな成功を収めることができたという。これは苦労が大きいほど、物事は強く結晶化するということを示す好例だ。

杯《カップ》の10

棒の10が厳しい状況を示すのに対して、杯の10はとても幸福そうだ。男女が2人でひとつになって万歳をしている。そばでは子どもたちが手を取り合って踊っている。頭上には虹のようにかかる10個の杯。杯は水を象徴し、「10」は結晶化する現実を表す。これはつまり、精神的にも大きな満足が得られることを示しているのである。

このカードの人物たちのいかに幸福そうなことか。愛するパートナーがいて、子どもたちがいて、成功を一緒に分かち合い、よろこぶことができる。ここには皮肉のようなものはない。身の丈にあまる金銭は時に人を不幸にすることがあるが、この札は、あなた自身がよろこぶことができる成功を示している。

剣《ソード》の10

倒れこんだ人物の背中に、巨大な剣が10本も突き刺さっている。人1人を「殺《や》る」のに、こんな多くの剣を突き刺す必要があるのだろうか。この「過剰な殺人」に、剣の象徴する「マインド」「知性」を加味してみよう。知性やアイデアが現実になるには、「グロウダウン」ないしは「グラウンディング」することが必要となる。

思考は実体化する時に、ある意味では「死ぬ」ことになる。絵に描いた餅は食えないが、逆にいうと腐りもしないし、なくなりもしない。「絵」の元になるアイデアを、実体化したとたんに、思い描いていた味とは違うものになり、最終的には消滅する運命を担う。アイデアは「過剰なまで」に殺されるのである。だが同時に、実体化したアイデアや理想は、肉体をもって味わうことができるようになるのだ。

金貨《ペンタクル》の10

年長者、壮年期の人たち、そしてペットが、豊かな自然の中にある邸宅で、幸福を享受している。金貨が、生命の樹のかたちに配置されており、ここに完全な宇宙が成立していることを示している。金貨の9では、1人の女性が幸福な状態でいた。金貨の9と10は、好対照な幸福のありようを示しているように見える。一般的に、このカードに与えられている意味は「富、安全」を意味するが、同時に、現状を維持していく退屈さや社会に適応する「責任」を暗示している。その幸福を享受するには、ある種の魂の成熟が要求されるように思うのだ。

COURT CARDS

幅広い解釈を楽しむコートカード

PAGE

PAGE of WANDS

PAGE of CUPS

PAGE of SWORDS

PAGE of PENTACLES

KNIGHT

KNIGHT of WANDS

KNIGHT of CUPS

KNIGHT of SWORDS

KNIGHT of PENTACLES

QUEEN

QUEEN of WANDS

QUEEN of CUPS

QUEEN of SWORDS

QUEEN of PENTACLES

KING

KING of WANDS

KING of CUPS

KING of SWORDS

KING of PENTACLES

人物札の具体的な解釈

コートカードとは、それぞれのスートにあるキング、クイーン、ナイト、ペイジの4枚の人物札のことである。コートとは「宮廷」という意味だ。実際の占いでは、この人物札は非常に重要で、さまざまな解釈のレベルがある。以下に少し整理してみよう。

①実際の人物を示す

コートカードが出た場合、それは相談者が実際に出会う人物や鍵になる人物を表す。キングなら威厳のある大人の男性。クイーンなら立派な女性。ナイトなら活動的な若々しい人物。ペイジなら未成年やあどけなさの残る人物ということになる。

②内的な性格を示す

コートカードは実際の人物だけではなく、相談者や占っている人物の内的な性格を表していることもある。剣のクイーンなら冷徹な女性性、杯のナイトであればロマンチストの若者、といったイメージがその相談者の中にある。

③具体的なエネルギーの状態

コートカードは場合によっては人物ではなく、具体的なシチュエーションを表すこともある。杯のキングなら、感情的に満ち足りた状態であったり、棒のペイジなら何かのメッセージが届いたりする、といったようなことかもしれない。

3つのパターンから、どの意味をくみとるか、ということについては、その場その場の直観による他ない。あるいは、①でも②でも③でもある、ということもあり得る。

人物とスートのエレメントの組み合わせ

各コートカードの意味も、数札と同様に人物とスートのエレメントの組み合わせで推測できる。解釈としては、ペイジ＝フレッシュで若々しいが未熟な状態。ナイト＝激しく活動的な状態。クイーン＝落ち着いた、安定した状態。キング＝威厳があり、力に満ちた状態、である。一方スートは、棒は、火＝情熱や力。杯は、水＝感情や愛情。

剣は、風＝鋭い知性あるいは冷たさ。金貨は、地＝物質や現実的なレベル、となる。

棒のペイジは情熱に突き動かされているが、実際の行動力は足りない状態、あるいはそんな若者。ナイトは活動的で理想に向かって行動する人、クイーンは理想を内に秘めた明るく女性的な人、キングなら威厳や自信に満ちた男性的な人物、となる。

人物札の実践エクササイズ

コートカードを使ったエクササイズを紹介したい。カードのイメージをより生き生きとつかむためのものだ。まず、16枚のコートカードをすべて目の前に並べる。そして、いろいろなシチュエーションの中で自分の相手にしたい人物のカードを選び、その人物と想像上の対話をしてみるのである。

たとえば、デートの相手に杯のクイーンを選ぶとする。相手は自分と同じ年か、少し年上の女性だ。その人物はこちらの気持ちをよく受け止めてくれる。そして、悩みなどいろいろ聞いてくれるだろう。あるいは自分の周囲の人物をコートカードにたとえてみる、というのはどうだろうか。より相手のことが見えてくるはずだ。

PAGE

未熟だがまっすぐな若者

SYMBOL of PAGE

【棒《ワンド》のペイジ】このカードが表す人物像は、やる気と若さに満ちあふれた青年だ。学校に入ったばかりの新入生や、仕事をはじめたばかりの新人のように、目の前のことに期待を抱いている様子や、熱意をもって物事に取り組む様子を表している。

気をつけたいのは、経験や考えの浅さからくるミスだ。自分1人では解決できないことがあれば、すぐさま自分より年長の人、経験が長い人に助けを求めるといい。

【杯《カップ》のペイジ】若者は、誰もが純粋で傷つきやすい心をもっているものだ。このカードは、そんな感受性が豊かで、無垢な心をもつ人物を表している。魚を見つめる青年のように、誰かを思いやり、やさしく接することができる人だ。たとえ年をとっていたとしても、みずみずしい感性を失わない、少年、少女のような心をもつ人物もあてはまる。

【剣《ソード》のペイジ】誰もが一度は、自分より年若く、異なる価値観をもつ世代について「これだから若いやつは」と悪態をついたり、つかれたりした経験があるのではないか。

このカードが表すのは、そうやって悪態をつかれる若者だ。古いルールを撤廃し、斬新なアイデアを出して、周囲に新たな風を吹かせることができるだろう。

【金貨《ペンタクル》のペイジ】あなたは今、何かの「プロ」としての自覚が生まれたタイミングなのではなかろうか。初めての金貨を得た青年のように、初めてのチャンスを手にしたところなのだ。ていねいな仕事と、今の自分に出せる最高の結果が求められている。

とはいえ、恐れることはない。あなたはあくまで駆け出しだ。力が足りない分は、熱意と誠実さでカバーすればいい。

KNIGHT

賢く活動的な男性

SYMBOL of KNIGHT

【棒《ワンド》のナイト】 このカードが出た時、あなたはまさしく騎士のようにパワフルに、積極的に動き回ることができるだろう。恐れや不安にも打ち勝ち、猪突猛進に目標へ向かって突き進んでいくことができる。海外など、未知の場所へ飛び出していく暗示でもある。

ただし、自信過剰に陥って、周囲の反感を買ったり、後戻りできないところまで進んでしまわないように気をつけたい。

【杯《カップ》のナイト】 このカードが表す人物像は、豊かな感受性や芸術性をもった、アーティスト気質の男性だ。自分が理想としている異性との出会いを表すこともある。

また、目の前にある問題を解決するためには、人々の感情に訴えかけるような、ドラマチックな方法が必要とされているとも読むことができる。一方で、空想の世界にのめりこみすぎないように注意しよう。

【剣《ソード》のナイト】今、あなたに求められているのはスピードだ。じっくり考えたり、慎重に動いたりするのはしばらくやめておこう。「考えながら動く」「複数のことを同時並行で行う」くらいがちょうどよさそうだ。何事も即断即決を心がけるといい。

　また、より多くの情報をもとに、より多く頭を回転させることで、勝利をつかむことができる予感もしている。

【金貨《ペンタクル》のナイト】長いあいだ、頑張っていたことがある人は、その努力が実りの時を迎える予感がしている。一方、これから何かをはじめる人は、すぐに結果を出そうと思わないことが大切だ。物事を長期スパンでとらえ、小さな目標をひとつひとつ達成していく、そんな地道な努力が物を言うだろう。体力がつづく時だが、それをいいことに働きすぎないよう注意。

QUEEN

穏やかだが力のある女性

SYMBOL of QUEEN

【棒《ワンド》のクイーン】しなやかで力強い女性を思い浮かべさせるカードだ。もうすぐ、あなたの魅力が存分に発揮されようとしている。力がついてきたという自覚もあり、何事にもポジティブな気持ちで取り組めるようになるだろう。リーダーシップが発揮できる時でもある。

恋愛面では、情熱的な気持ちが生まれる兆しだ。相手への気持ちを高いところで維持していけそうだ。

【杯《カップ》のクイーン】泣いている子どもを優しく包みこむ、母親のようなイメージをもつカードである。穏やかだが芯の強い女性を想像させる。

このカードが出た時は、いつもに増して周囲の人たちへの思いやりの気持ちを大切にしてほしい。普段は自分から話すことが多いという人も、聞き手に回って相手の弱い部分を受け止めてあげよう。また、直感に頼ると、物事がいい方向に進みそうだ。

【剣《ソード》のクイーン】このカードが表す人物像は、人生の酸いも甘いも噛み分けた、理知的な大人の女性である。様々な経験をしたからこそ、時に冷酷な判断を下すこともある。

今のあなたに求められているのは、物事を冷静に見つめる客観的な目だ。安易に感情に流されることなく、過去のデータや経験則を参考にしながら結論を出さねばならない。ただし、単に冷たい人間だと思われないよう、ユーモアだけは忘れずに。

【金貨《ペンタクル》のクイーン】突然のひらめきや奇抜な行動よりも、堅実で常識的な行動が、成功につながりやすい時である。家族に安定した衣食住を供給する、どっしりとしたお母さんといったところであろうか。

貯金をしたり、私財を蓄えたりするのにいい時期。また、女性にとっては妊娠の兆しを感じさせるカードでもある。

KING

精神、経済ともに満たされた男性

SYMBOL of KING

【棒《ワンド》のキング】誰にも負けない情熱と、強烈なリーダーシップでみんなを率いていく男性をイメージさせるカードである。

　このカードが出た時、あなたは目標に向かって真っ直ぐに進んでいくことができる。自分に自信があるから、恐れもない。もっと上に行きたい、自分にしかできないことをしたいという気持ちで、次々と扉を開いていく。

【杯《カップ》のキング】このカードが表すのは、威厳はあるが温かい人柄で、愛情をもって他者と接する男性である。父親的存在や先生、カウンセラーなどを表すこともある。

　今、あなたに求められているものは、他者への理解と共感である。相手の行動や言動の裏にある気持ちを上手に引き出し、寛大な心でそれを受け止めて見せよう。その人にとってあなたは、よいカウンセラー、アドバイザーになれるはずだ。

【剣《ソード》のキング】 持ち前の知性と決断力を武器にみんなを率いる、カリスマ的な男性を表している。

目の前に立ちはだかる壁も、問題点を分析し、解決策を論理的に組み立てることで乗り越えていくことができるだろう。自分はもちろん、他人に対しても厳しくなりがちな時なので、必要以上に冷たい態度をとってしまったり、かたくなにならないよう注意が必要。

【金貨《ペンタクル》のキング】 社会的に成功し、確かな地位と経済力がある男性を表すカードである。収入がアップする、出世するなど、経済的・社会的な成功が見こめそうだ。

チームのリーダーになるなど、責任やマネジメント能力が求められる予感もしているので、直感や「なんとなく」で動くことはやめ、思慮深く動いていくことを心がけよう。

COLUMN

ウエイト版以外に手に入れたいタロット

「ウエイト＝スミス版」と並んで欠かせないのが「マルセーユ」系と呼ばれるもの。これは18世紀からヨーロッパで流布したもので何種類も出ています。素朴な木版画が何とも言えない魅力。ウエイト＝スミス版が誕生する以前にはもっともスタンダードなタロットで、多くの種類が存在します。最近では「ママンミユキ・タロット」など日本のオリジナルマルセーユも出ていますし、古典的なセットの復刻も盛んです。

さらに現存する最古のタロットの復刻版もあります。実際の占いに用いるにはサイズも大きすぎてちょっと扱いにくいのですが、「ヴィスコンティ＝スフォルザ版」と呼ばれるルネサンス時期の豪華な手描きのタロットの再現です。図像の研究のためには必須なので、本格的にタロットを研究したいならコレクションしておきたいものです。

またウエイト＝スミス版を生み出した、英国の「黄金の夜明け」団のタロットを再現したデッキ「ゴールデン・ドーン」タロットも数種類出ています。もっとも有名なのはロバート・ウォン博士が描いたもの。また、やはり「黄金の夜明け」団に所属、やがて独立して独自の教義を打ち立てた魔術師アレイスター・クロウリーの「トートのタロット」も根強い人気を誇っています。

またフェミニズム系「マザーピース」やユング心理学とギリシャ神話を融合させた「神託のタロット」（ミシックタロット）といった現代版もオススメです。

逆に初心者は避けた方がよいのが「エテイヤ版」と呼ばれるもの。これは18世紀フランスの占い師エテイヤがつくったものの復刻でとてもユニークなのですが、スタンダードなタロットとはその構成がまったく異なる上に、この本の執筆時点では詳しい日本語の解説（英語版でも）もないので、初心者が使いこなすのは困難。こうしたユニークなタロットは上達した時のお楽しみにとっておきましょう。

PART 3

SPREAD

スプレッド

タロット実占～スプレッド紹介～

タロット占いは、「シャッフル（混ぜる）」「カット（山を分ける）」「スプレッド（展開する）」という3つの要素で構成される。スプレッドは占いたい内容で使い分けるが、シャッフルとカットは共通なので、覚えておこう。

準備

散らかった机の上では、気が散って集中できない恐れがある。まずは周囲を片づけることからはじめよう。カードを傷めないよう、クロス（布）を敷いてもいい。

1.

占いに使用するカードをひとまとめにし、裏返した状態で縦に置く。占いたい内容を心に思い浮かべながら、呼吸を整える。

2.

両手を使って、カードを時計回りによく混ぜる。気が済むまで混ぜたらシャッフルは終了となる。

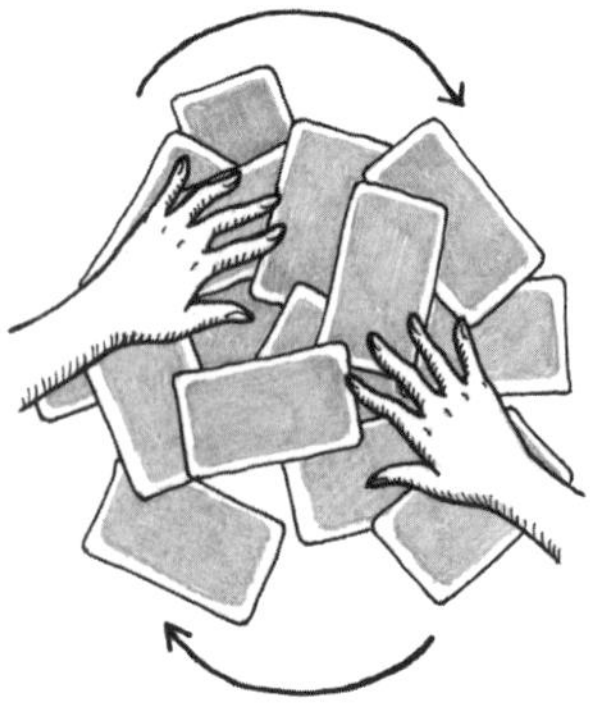

3.

再度カードをひとまとめにしたら、その山を3つに分ける（等分でなくてよい）。手順③、④のアクションは、深層心理とつながりをもつといわれる左手で行うのがおすすめ。

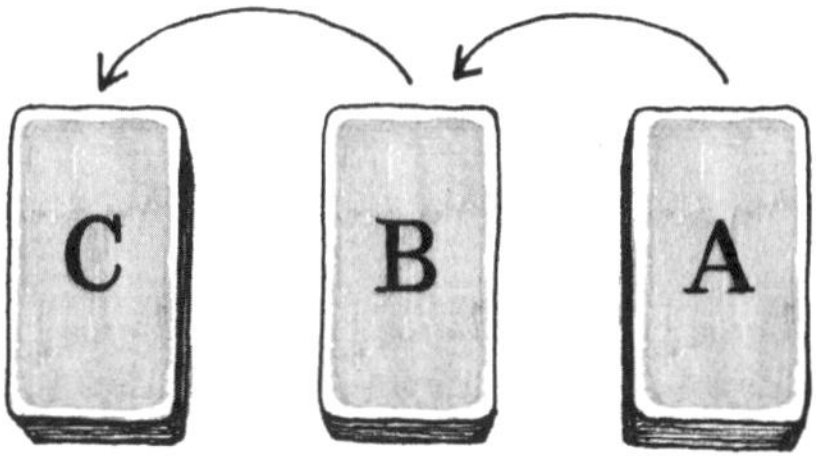

4.

3つに分けた山を、手順③で分けた時とは異なる順で重ね、もう一度ひとまとめにする。以上でカットは終了となる。

※本書では逆位置は採用しません

シンプルクロス・スプレッド
Simple Cross Spread

代表的なスプレッドのケルト十字法（P261参照）を極限までシンプルにした占い方。少ないカードではっきりとした答えを得ることができる。

● **使用カード**　大アルカナ

● **占えること**　今、あなたが抱えている問題点。

● **手順**　カットまで終わったカードを、上から図の番号順に裏向きに並べる。カードを表にし、①と②のカードを見比べながら読み解く。

● **カードの読み方**

① **現状**　⇒　今、あなたが置かれている状況や、あなたが抱える問題、外には出していない本音などを表す。

② **試練**　⇒　①の状況を乗り越えるために、あなたが解決しなければならないことを表す。「悩みの解決策」と考えても。

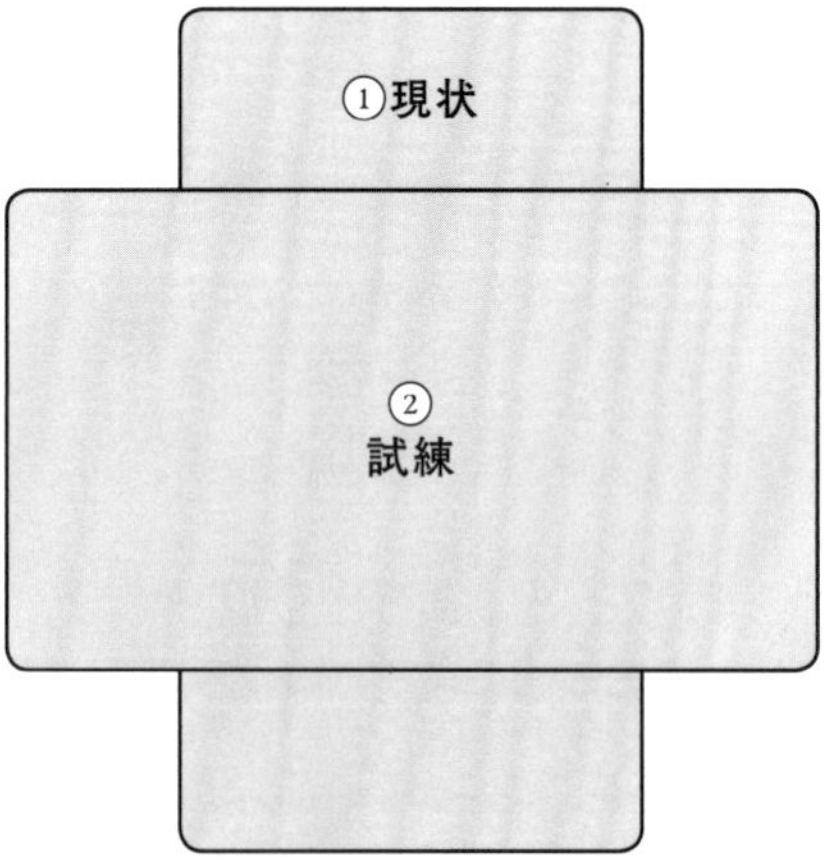

《実践》
シンプルクロス・スプレッド

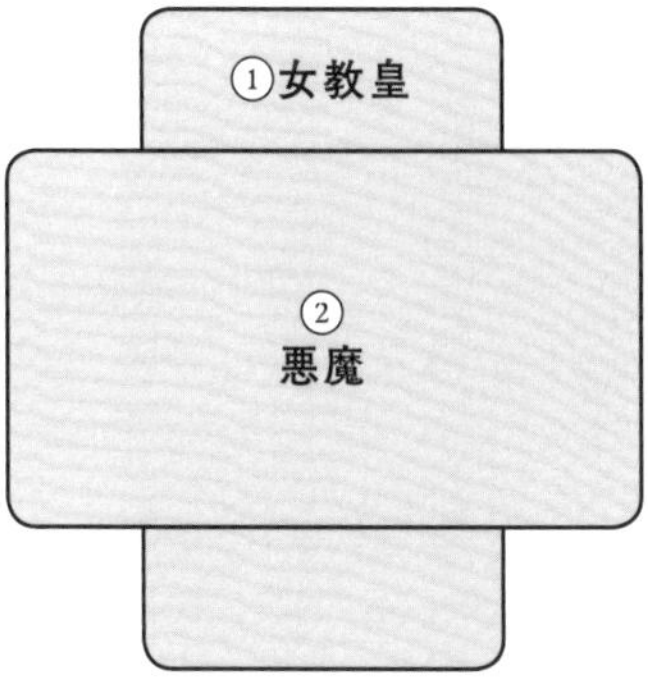

就職活動がうまくいきません。どうしたらいいでしょうか？

78枚フルセットを使ってもよいのですが、今回は大アルカナだけを使ってみました。

まず①本人や現在の状況を象徴する場所に出たのは『女教皇』。これは真面目で勉学に励んでこられた相談者を示すよう。②試練を表す場所に出たのは『悪魔』。お堅いイメージの『女教皇』とはまったく対照的なカードです。『悪魔』は世間の、クリーンだけではすまない側面を象徴しているよう。それに向き合う勇気が必要だと告げているのかもしれません。

もしかするとご本人は、学生時代の優等生的な雰囲気だけを出しておられるのかも。面接などでももっとワイルドに、少しやんちゃな面を出していってもいいのかもしれませんね。ある種の「野生的」な面が強みになるかも。

表面をとりつくろうことばかりでなく、時に本気でぶつかってみてはいかがでしょう。

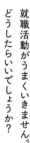

スリーカード・スプレッド Three Card Spread

過去・現在・未来という時の流れに沿ってカードを読み解くことで、問題の原因からやがて訪れる結末まで、整理された答えがわかる。

● **使用カード**　大アルカナ

● **占えること**　具体的な問題の解決方法。

● **手順**　カットまで終わったカードを上から３枚引き、図のように裏向きに並べる。引く順と並べる順は違っていてもよい。①から順にカードを表にし、読み解く。

● **カードの読み方**

① **過去** ⇒ あなたが問題を抱えることになった理由や、置かれていた状況、その時の想いなどを表す。

② **現在** ⇒ あなたが現在置かれている状況や、隠されている問題の本質を表す。

③ **未来** ⇒ ①②をふまえて、あなたに近い将来訪れる出来事を表す。また、問題を解決するアドバイスカードでもある。

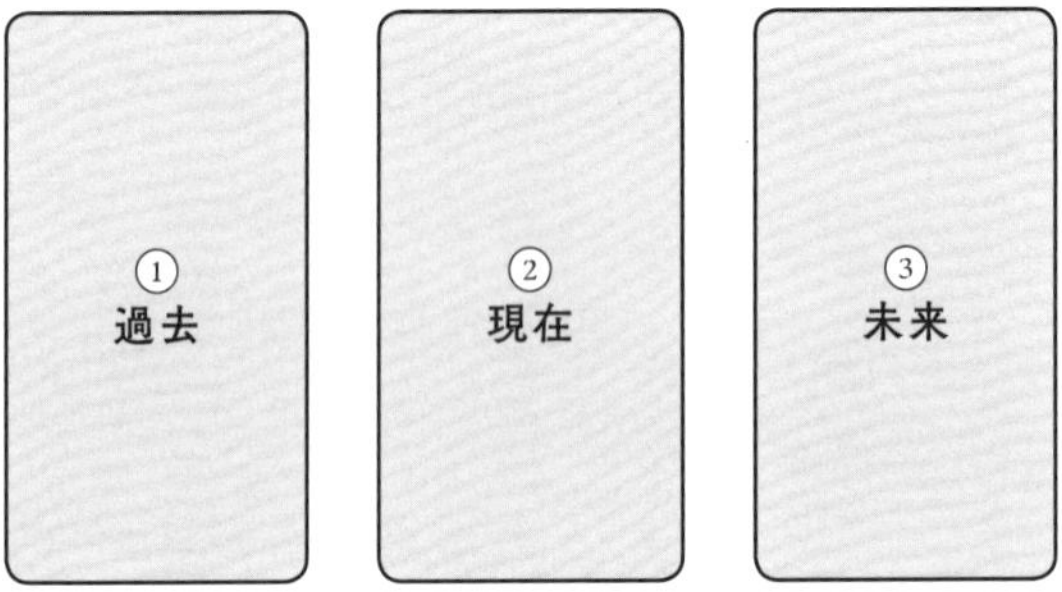

《実践》
スリーカード・スプレッド

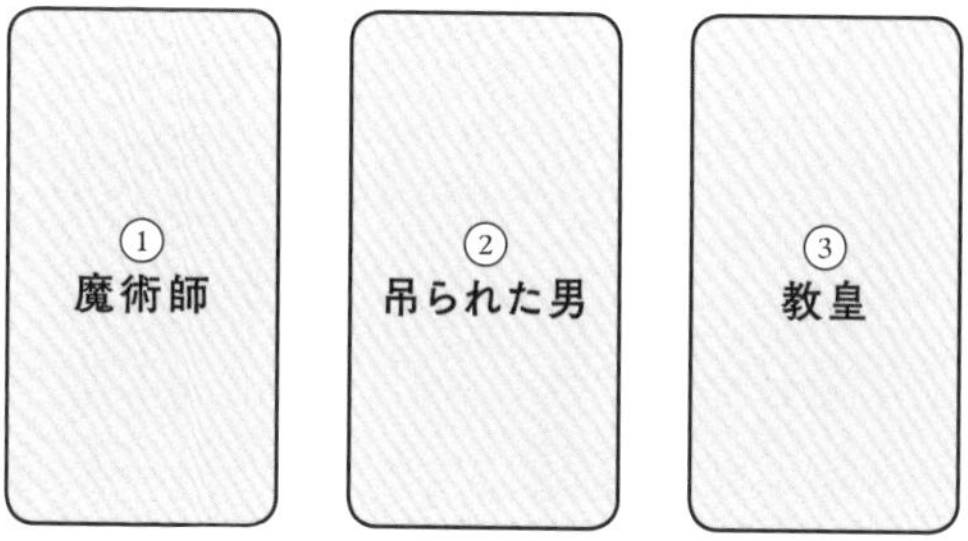

恋人との関係がすれちがい気味。
これからどうしたら？

このスプレッドも78枚のフルデッキを使ってもよいのですが、大アルカナ22枚だけでも大丈夫です。
『魔術師』が①過去に出ました。このカードには「スタート」、そして「知性」という意味があります。フレッシュで若々しく、またお互いの知的好奇心を刺激し合える関係だったことがわかります。しかし②現在は『吊られた男』。今は我慢したり遠慮したりして本音を話さなくなっている感じがしてしまいます。宙ぶらりんになっているこの『吊られた男』の姿は、今のあなたのやるせない気持ちを象徴している様子。

ではどうすればいいのでしょうか。③未来あるいはアドバイスを表すところには『教皇』が出ました。これはよきアドバイザーを示す札です。相手をもっと信頼して、自分の今の状況を相談してみたり、あるいは逆に相手の相談に乗ってみたりするとよい、ということのように見えますね。もっと甘えたり、信頼したりしていいのだと思いますよ。あるいはあなたが信頼できる先輩などと一緒に食事に行ったりするのもいいかもしれませんね。よい影響を与えてくれそう。

ダイヤモンドクロス・スプレッド

Diamond Cross Spread

特定の相手との関係について占いたい時にぴったりの占い方。その形から「聖四角形」とも呼ばれる。

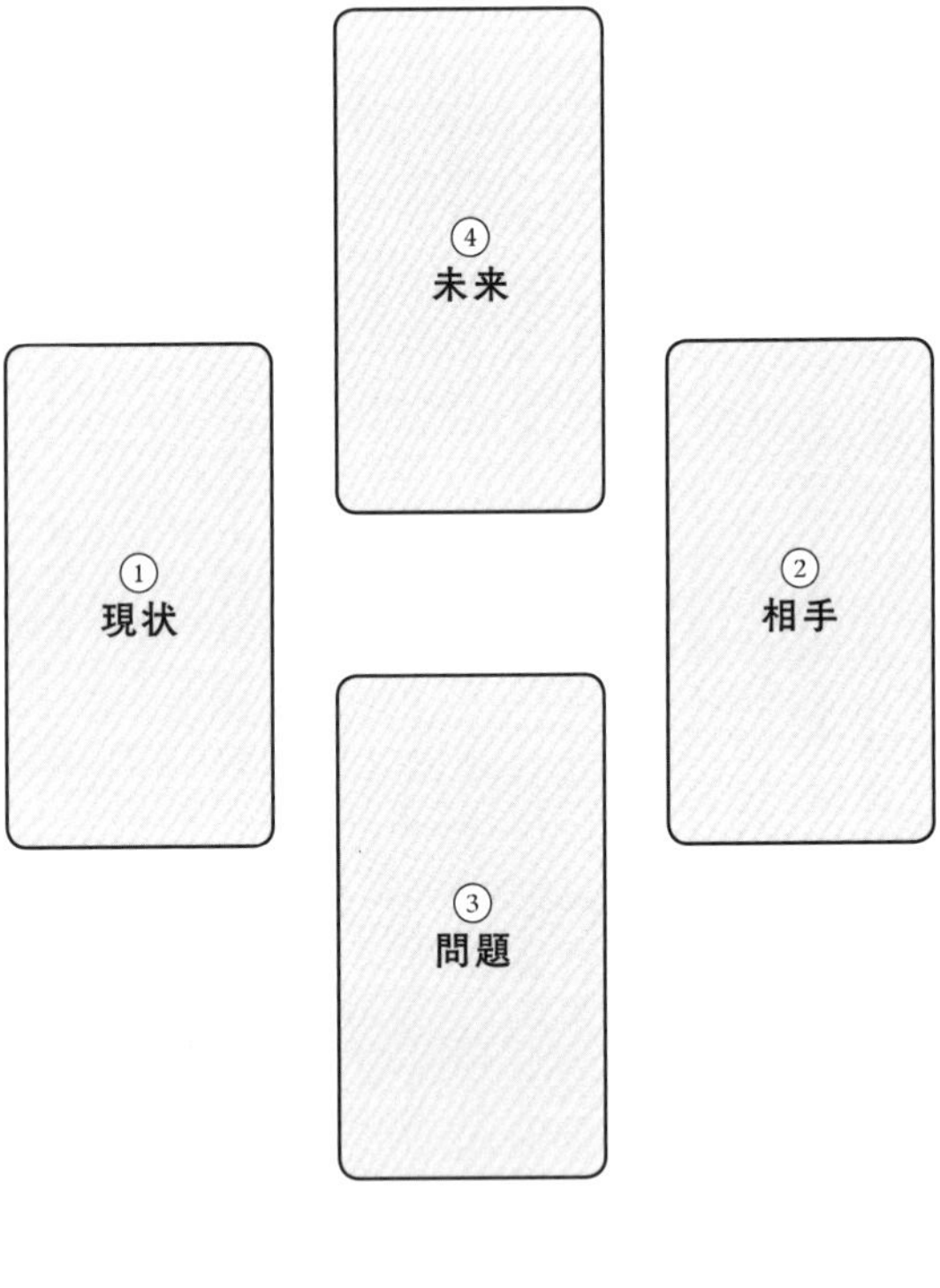

● **使用カード**　大アルカナ。

● **占えること**　1対1の人間関係について。

● **手順**　カットまで終わったカードを、上から図の番号順に裏向きに並べる。①から順に1枚ずつカードを表にし、読み解く。

● **カードの読み方**

①**現状** ⇒ あなたが置かれている状況や、あなた自身も気づいていない本音を表す。

②**相手** ⇒ 相手が何を考えているのか、また、言動や行動の裏にある本音を表す。

③**問題** ⇒ ①②を前提として、2人が抱えている問題や、乗り越えなくてはならない試練を表す。また、端的に2人の関係性を象徴するカードでもある。

④**未来** ⇒ これまでのカードをふまえて、近い将来2人に起こる出来事を表す。また、2人がともに幸せになるため、どのような関係性をつくっていけばいいのか、そのヒントを表すカードでもある。

《実践》ダイヤモンドクロス・スプレッド

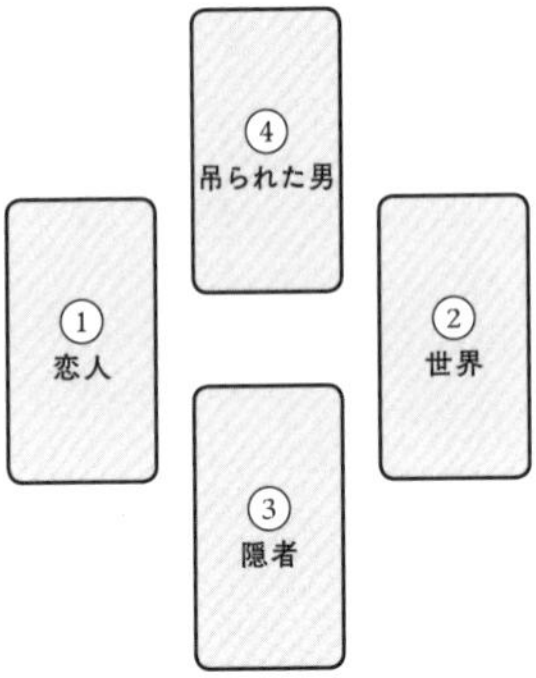

職場で反りが合わない上司と、どのようにつき合うべき？

ダイヤモンドクロス・スプレッドは、このような人間関係全般を見ていくのにすぐれた方法です。こちらも大アルカナ22枚を使ってみました。

まず、2人の関係の問題を示すカードには③『隠者』が出ました。時間を象徴するカードでもあるため、長い時間をかけ硬直化してしまった人間関係を示すように思われます。オフィスそのものもマンネリであり、少し封建的な人間関係になっているのかもしれません。

あなたの現状を示す①は『恋人』。情熱や好意を示します。その上司に対して積極的に心を開いていこうとしています。

相手を示す②は『世界』。今のままでも満足しているよう。気持ちのズレがありそうですね。

未来や指針を示す④は『吊られた男』。これは価値観の意識的な逆転を意味します。上司だから、部下だからという建前の関係から自由になってはいかが。若いあなたの方から批判覚悟で生身の感情を込めてぶつかっていくとお堅い関係に風穴を開けることができるかもしれませんよ。立場を意識しすぎず、素直に向き合ってみてはいかが。

ケルト十字法

Certic Cross

ウエイトがカードと同じ時期に制作したタロット本の中に、「古代ケルト占法」として紹介されていたスプレッド。10枚のカードで問題を深く読み解いていくことができる。

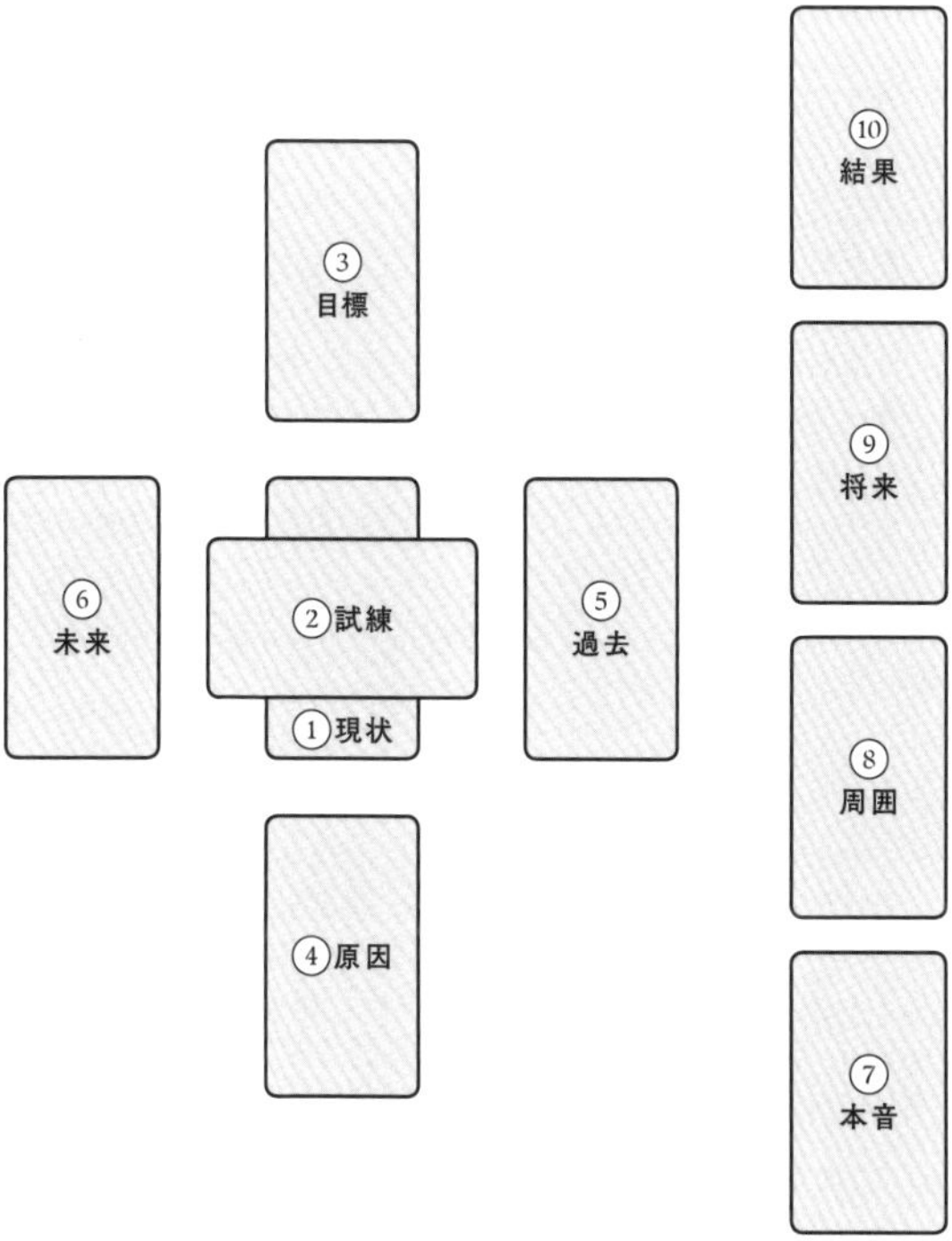

● **使用カード**　大アルカナ、もしくは小アルカナも含めたフルデッキ

● **占えること**　オールマイティ。具体的ではない悩みなど、あいまいな問題にも向く。

● **手順**　カットまで終わったカードを、上から図の番号順に裏向きに並べる。すべてのカードを表にして読み解く。

● **カードの読み方**

①**現状** ⇒ あなたが今置かれている状況や、抱えている問題の本質を表す。

②**試練** ⇒ あなたの邪魔をしているものや、これから乗り越えていかなくてはならないものを表す。

③**目標** ⇒ あなたが心の片隅に置いている夢や目標、本来進むべき道、制限さえなければ実現させたいことなどを表す。

④**原因** ⇒ なぜ①の状況に置かれてしまったのか、問題の原因を表す。

⑤**過去** ⇒ ちょっと前に起こった、この問題のキーとなる出来事を表す。

⑥**未来** ⇒ これまでの結果をふまえ、近い将来起こりそうなことを表す。また、そのためにどうすればいいのかのヒントでもある。

⑦**本音** ⇒ あなた自身も気づいていない本音や、無意識を表す。

⑧**周囲** ⇒ 周囲の状況や、周りの人々があなたについてどう思っているかを表す。

⑨**将来** ⇒ あなたが将来に対して抱いている希望や恐怖、また、これまでのカードをふまえて訪れる将来に、自分が抱いている感情を表す。

⑩**結果** ⇒ すべてを総合した、問題に対する最終結論を表す。

《実践》ケルト十字法

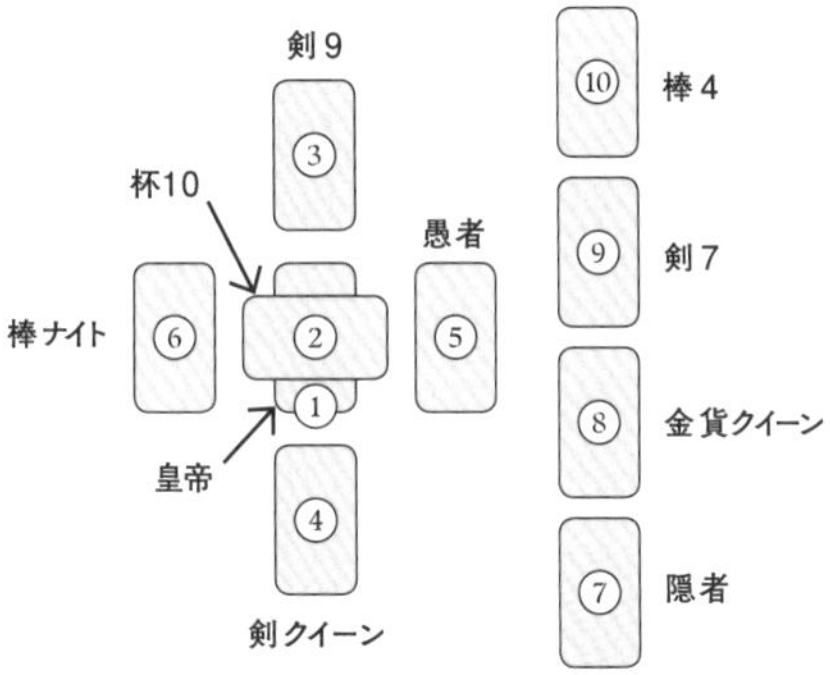

仕事がマンネリ化しています。何か打開策はないでしょうか。

ここではフル78枚使ってみましょう。これまではあなたは自由な立場で仕事ができていたようですが(⑤『愚者』)今はあなた自身が責任やリーダーシップをもたねばならない立場になっており(①『皇帝』、④『剣のクイーン』)、肩の荷が重いことがあるのかも。また業績も悪くない(②『杯の10』)ことから現状を抜け出し新たな一歩を踏み出すことに躊躇があるのかもしれません。理想のためにはリスクを引き受けることが必要なのですから(『③剣の9』)。しかし、状況はすでに動きはじめています(⑥『棒のナイト』)。あなたは自分が強いリーダーシップをとることで孤立するのを恐れている(⑦『隠者』)のかもしれませんが、周囲はあなたを堅実な女性(⑧『金貨のクイーン』)ととらえていますから、心配することはありません。これからあなたは多少、リスキーなこと、あるいは策略めいたことを冒してもあなた自身が行動をすることで(⑨『剣の7』)、職場での人望も得られ、幸福感を感じる状況をつくっていけるはず(⑩『棒の4』)。マンネリを打破するのはあなた自身のリーダーシップです。

ヘキサグラム・スプレッド

Hexagram Spread

六芒星をモチーフにしたスプレッド。ケルト十字法（P261）と並んで有名な占い方で、あらゆる悩みに対して多角的な答えを得ることができる。

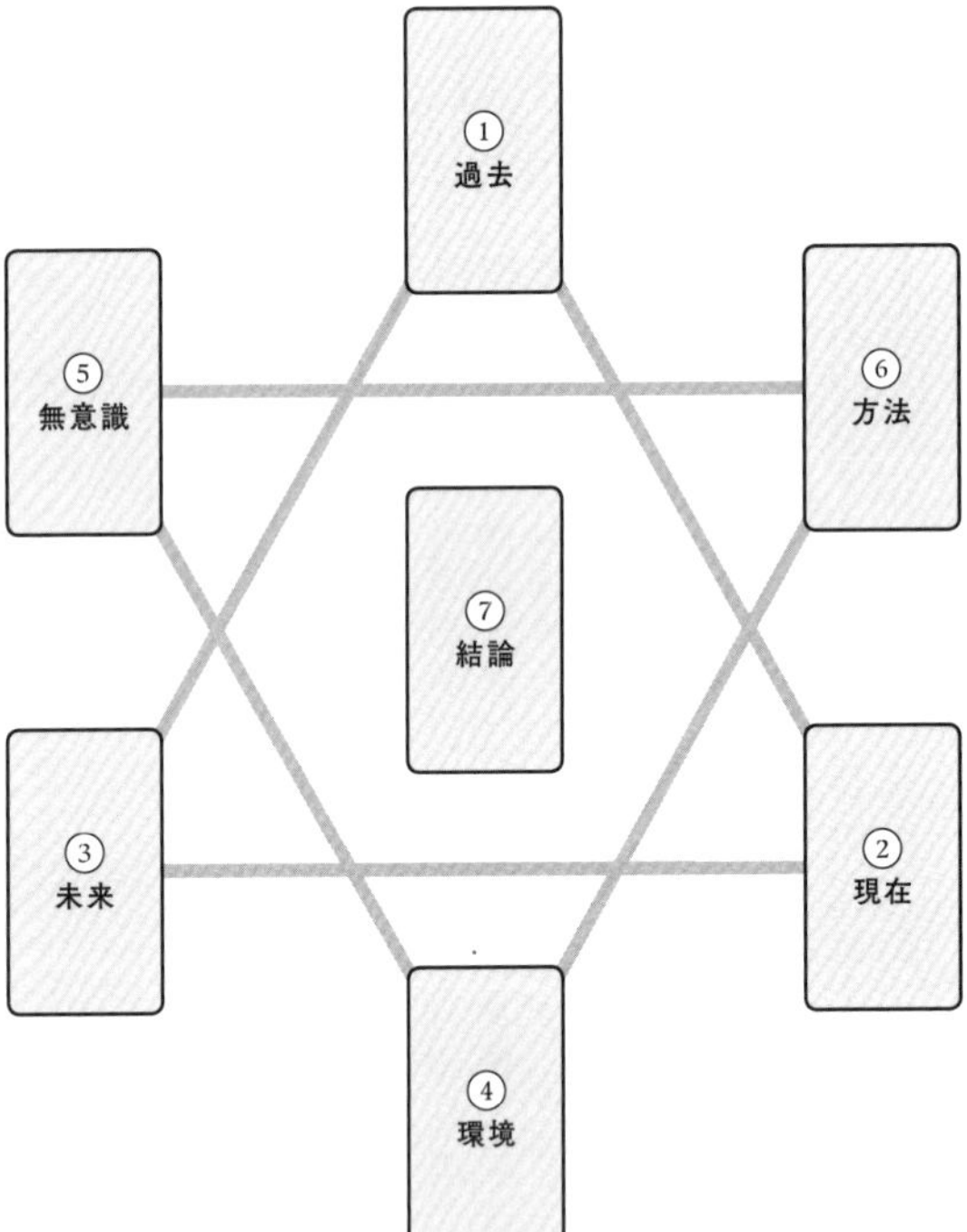

● **使用カード**　大アルカナ、もしくは小アルカナも含めたフルデッキ

● **占えること**　オールマイティ。複数の物事がからみ合った複雑な問題にも向いている。

● **手順**　カットまで終わったカードを、上から図の番号順に裏向きに並べる。すべてのカードを表にして読み解く。

● **カードの読み方**

①過去 ⇒ あなたが問題を抱えることになった理由や、置かれていた状況、その時の想いなどを表す。

②現在 ⇒ あなたが現在置かれている状況や、隠されている問題の本質を表す。

③未来 ⇒ ①②をふまえて、あなたに近い将来訪れる出来事を表す。また、その時あなたがどう感じるのかを表すカードでもある。

④環境 ⇒ 周囲の状況や、周りの人々があなたについてどう思っているか、また占っている相手の気持ちを表す。

⑤無意識 ⇒ あなた自身も気づいていない本音や無意識、抑圧している願望などを表す。

⑥方法 ⇒ 問題を解決し、現状から脱するために、あなたがとるべき行動やそのヒントを表す。

⑦結論 ⇒ すべてを総合した、問題に対する最終結論を表す。問題全体のキーとなる事柄を表すカードでもある。

《実践》ヘキサグラム・スプレッド

枚数はケルト十字よりも少ないのですが、じっくりとカードを読み込んでいくのに適しています。ここでは、少し丁寧にカードの読み方を見ていくことにしましょう。

相談者からの質問は以下のものでした。

「妻と自分の母との関係がうまくいっていない。どちらも悪意をもっているわけではないのだが、ギクシャクして雰囲気がよくない。どのようにすればよいだろうか」

このスプレッドも大アルカナだけでできますが、ここでは78枚のフルセットを使ってみました。

出たカードの展開は以下のようなものです。

①『杯のクイーン』②『杯の6』③『棒の7』④『吊られた男』⑤『棒の5』⑥『金貨の8』⑦『金貨のクイーン』。

パッとカードを見た時にクイーンが2枚出ていて、嫁姑の問題であることとの一致が浮かび上がります。しかし、それらは、杯と金貨であり、またクイーンを含め剣が1枚もないことから、別離や悲しみの状況はなさそうだと見てよいでしょう。また過去(①)の『杯のクイーン』(感情)から結論(⑦)の『金貨のクイーン』(現実)へ最終的に変化していくようにも見えます。2人の女性との関係性が、単なる恋愛や情緒的なものから、生活の基盤をつくるものへと変化させることがテーマのように見えますね。

これまでは女性に対してやさしい母親的なイメージを投影して甘えていたのでしょうが(①)それは今や過去のこと(②)。今後はあなた自身がイニシアチブをとっていかねばなりません。幸いなことにあなたは有利な立場にあり、2人はあなたに従いそう(③)。むしろあなたの煮え切らない態度に2人は今イライラしていますし、必要なら抑圧されている不満を一度、ぶつけさせてみることも必要ではないでしょうか

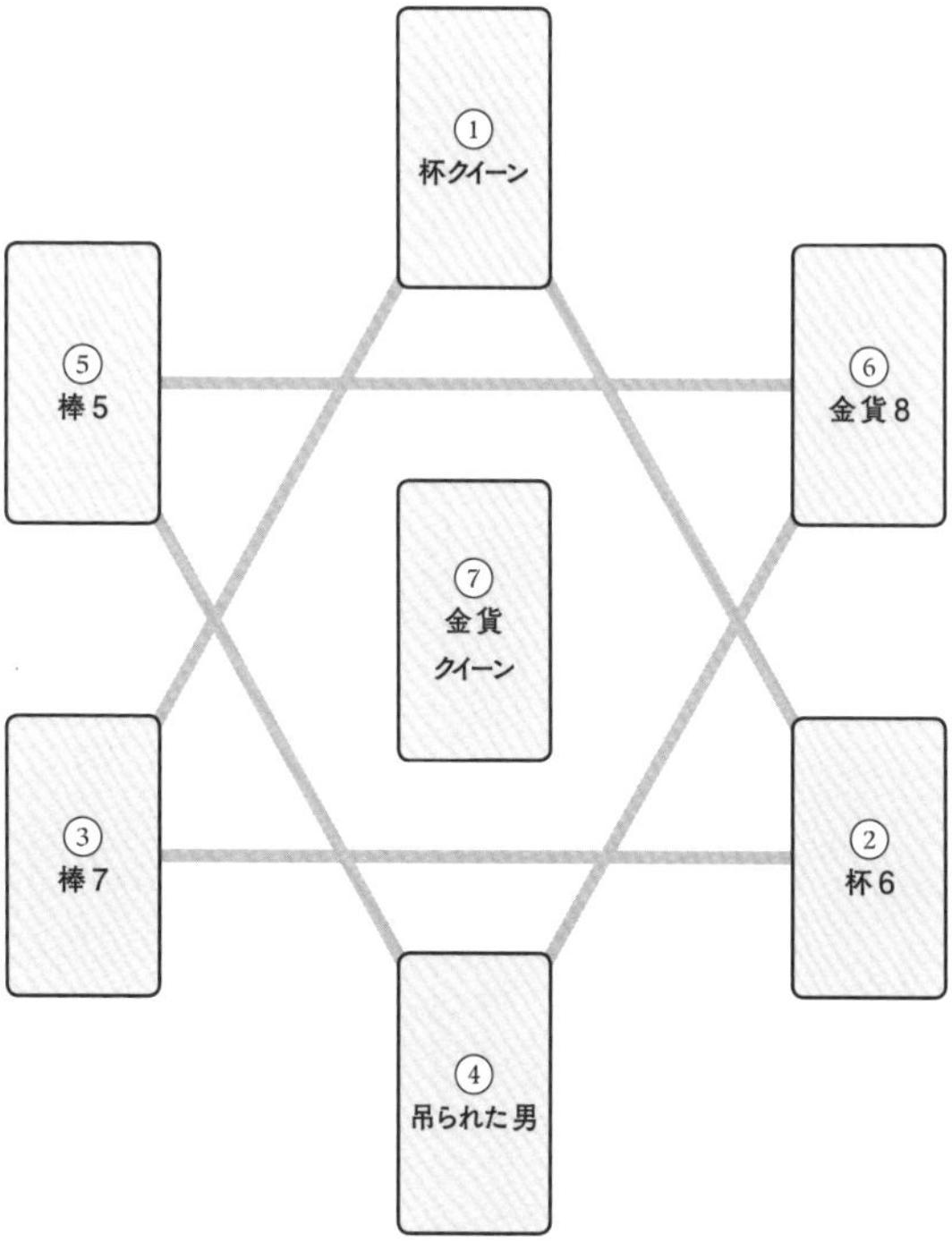

（④、⑤）。

あなたを含め、みんなの無意識の中にはずいぶんフラストレーションがたまっており、ぶつかりたいという気持ちがあるようです（⑤）。ただ、その吐露の機会を得てからは、あなたを加えた3人でコツコツと新しい関係性をじっくりと培っていくことができそうです（⑥）。時間はかかりますが、そうすれば、2人は現実的で賢い生活設計をしていく女性へと変容し、あなたも女性とのかかわり方を成熟させていくことになるでしょう（またこれはまったくの連想ですが『金貨の8』は何かをコツコツつくることを意味していますから、3人でインテリアやエクステリアを含めたDIYなどを楽しむことも、ひとつ、親密さをつくるきっかけになるような気もします）。

ホロスコープ・スプレッド

Horoscope Spread

占星術で用いる星の図、「ホロスコープ」に基づく占い方。「○○運を知りたい」など、特定のテーマを占うのに向く。

● **使用カード**　大アルカナ、もしくは小アルカナも含めたフルデッキ

● **占えること**　今後１年間の運勢、テーマ別の近い将来に起こること。

● **手順**　カットまで終わったカードを、上から図の番号順に裏向きに並べる。あらかじめすべてのカードを表にしても、占いたいテーマの場所をめくってもよい。

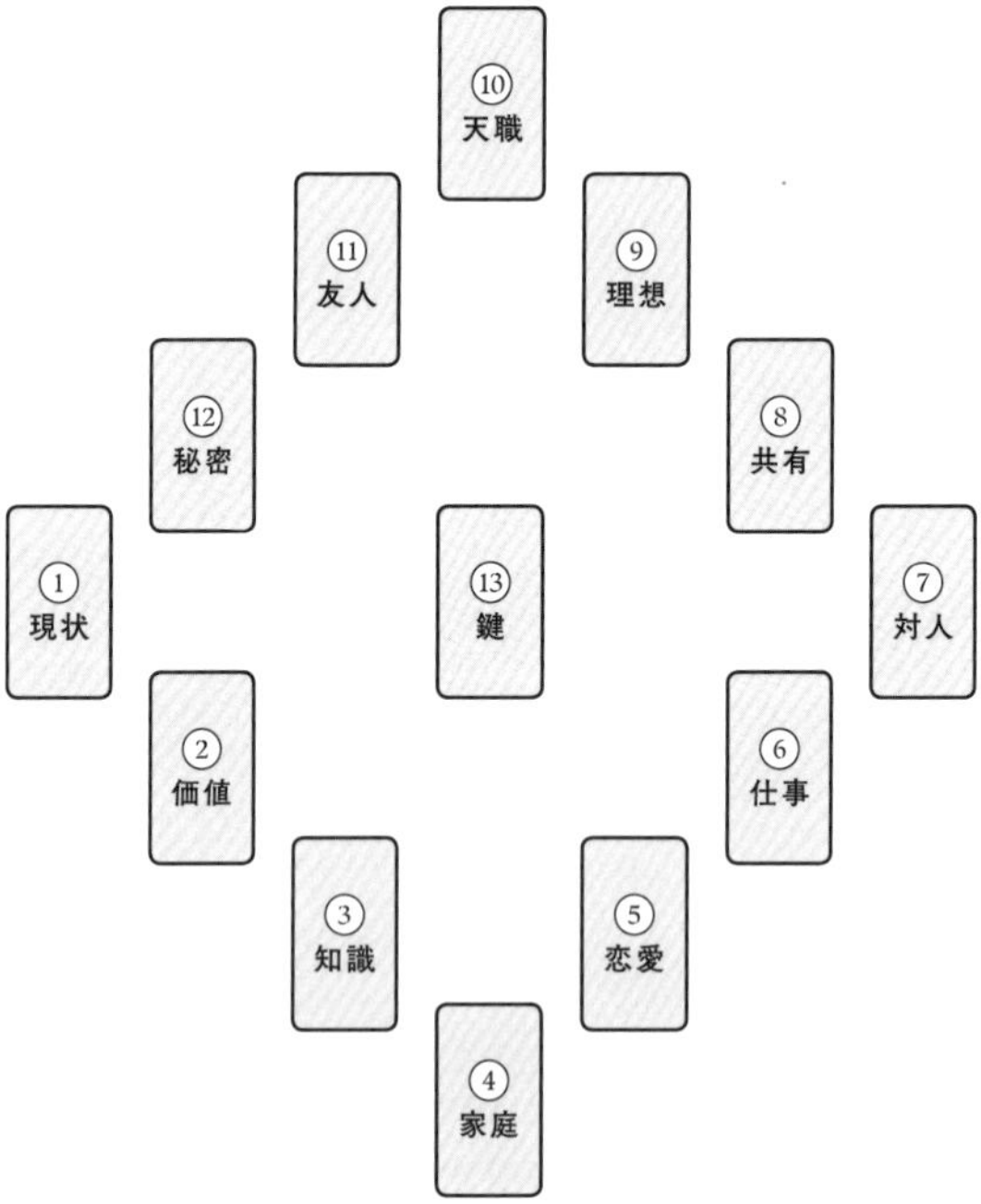

カードの読み方

各番号は、占星術のホロスコープにおける「ハウス」の番号を表している。

①現状 ⇒ あなたの心情や、今年のテーマ。

②価値 ⇒ 今年の金銭運や、収入の量、使える時間やエネルギーなどの資源。

③知識 ⇒ 今年の勉強運や、今年勉強するべきテーマ、コミュニケーションの取り方などを表す。

④家庭 ⇒ 今年の家庭運や、家族や仲間など近しい人たちとの関係性、衣食住環境について表す。

⑤恋愛 ⇒ 今年の恋愛運や、出会い運、レジャーなどの遊びについて表す。

⑥仕事 ⇒ 今年の仕事運や、はたさなくてはならない使命について表す。健康状態を表すカードでもある。

⑦対人 ⇒ 今年の1対1の人間関係運を表す。結婚や、気になっている相手との関係、あまり仲のよくない相手についても。

⑧共有 ⇒ 今年のセックス運や、深くかかわっている相手との関係も表す。遺産やローンについて表すカードでもある。

⑨理想 ⇒ 今年のあなたが目指すべき高い目標や、そこに到達するための手段を表す。また、旅行運もここで見る。

⑩天職 ⇒ 今年あなたが発揮できる才能や、社会とのかかわり。

⑪友人 ⇒ 友人や職場の人たちなど、自分対大勢の対人関係運を表す。

⑫秘密 ⇒ 今年あなたが無意識のうちに抱く欲望や、負の感情を表す。

⑬鍵 ⇒ 今年の総合運や、キーワード、全体的な結果を表す。

《実践》
ホロスコープ・スプレッド

生活全般のことを広く見ていけるスプレッドです。ただ、「一生はどうでしょうか」と無期限に見るのではなく、「来年1年は」とか「この先3カ月くらいは」といったふうに聞くのがいいでしょう。

たとえば**「来年、フリーランスになる予定でいます。来年の状況を知っておきたいのです」**という質問で、こんなカード展開になりました。

78枚フルセットを使っています。出たカードは①『戦車』②『女帝』③『剣5』④『棒のキング』⑤『悪魔』⑥『剣のナイト』⑦『金貨のキング』⑧『棒のエース』⑨『金貨のエース』⑩『棒の6』⑪『教皇』⑫『剣の8』⑬『金貨の7』。

①から、この相談者が意気揚々と独立に踏み出す時である様子が見えています。『戦車』はエネルギッシュに物事を進めていく力をもつカードです。幸い、仕事には十分のやりがいがあって有利に進めていけそうです（⑩）。このカードはあなたがよいポジションにいることを示しているのです。金銭的にもゆとりがありそうですし（②）、多少、キツイ仕事をすることやタフな相手とのやりとりを覚悟さえすれば（⑥）おおむね大丈夫でしょう。周囲を見渡してみれば、あなたをサポートしてくれそうな、実務に秀で安定した人物も仕事先にいそうですし（⑦）、友人の中にもよきアドバイザーを見つけることができるはずです（⑪）。家族もあなたの情熱をよく理解してくれているようですね（④）。もともと人とのつながりがあなたにとっての大きな助けになっているようです。人物カードが多く出ていることから、この1年のひとつの鍵は、きっと人間関係のネットワークということになるのでしょう。

ただ、フリーになっていろいろな関係ができてくるということは恋を含めさまざまな誘惑もあり（⑤）、性的にもリスクを犯すことが出てくる可能性(⑧)を示しています。(『棒

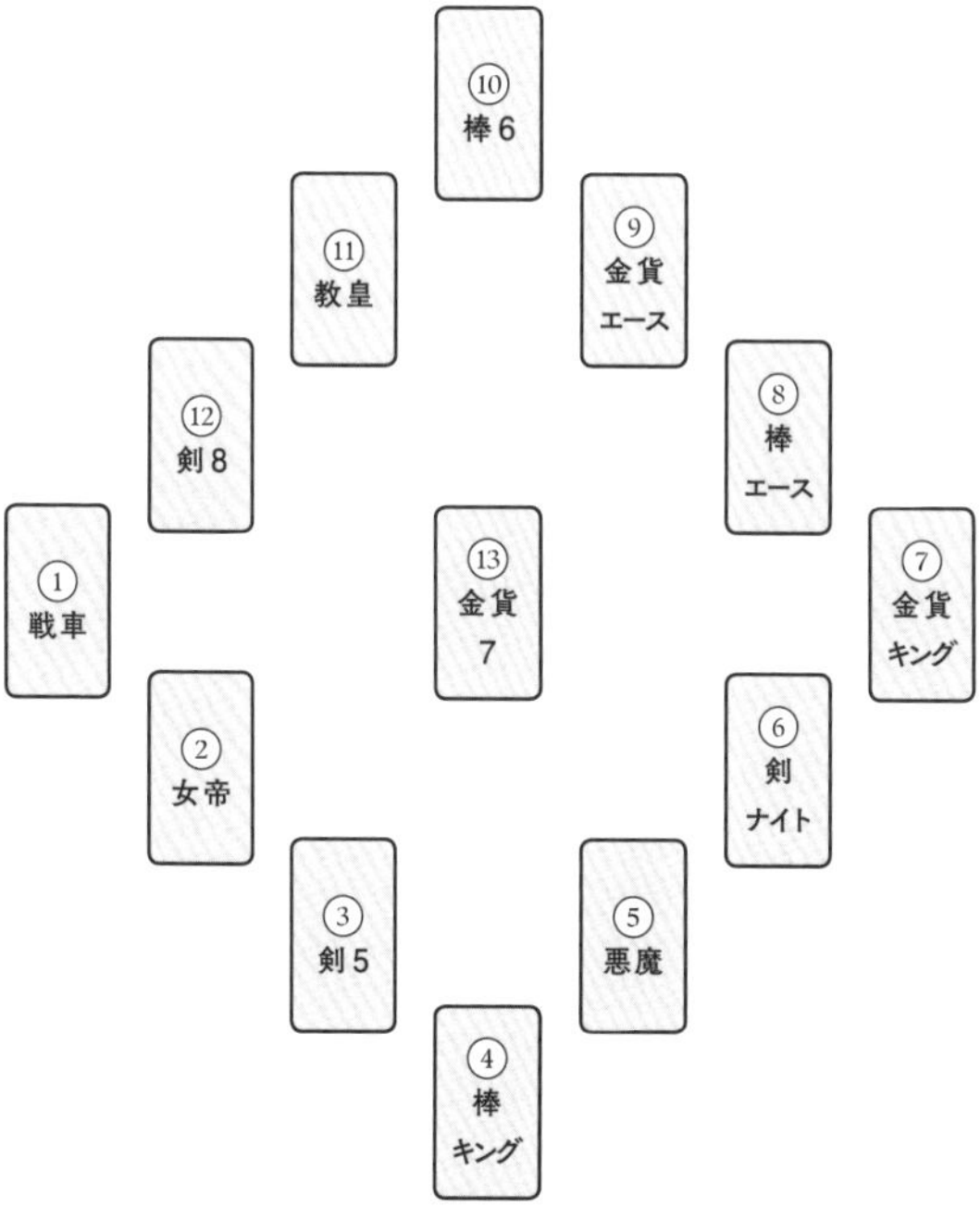

のエース』は横溢するエネルギー）。フリーになった時の不安感から、異性の誘惑に簡単に乗らないようにした方がよさそうですね。

最終のキーに出ているのは『金貨の7』であり、これはある程度の成果が出るものの、あなたの高い期待にはまだ届かないことを示しています。あなたにはもっと大きな現実的な成功を望む理想もあるからです（⑨）。ただ、その理想ははじまりのエースですから、まだ具体的なかたちはとっていません。1年目なのですから、気持ちをはやらせすぎず、最初の段階の成果をしっかり刈りとりつつ、次の夢をより具体的にしていくことがこの1年の大きなテーマになっていくことでしょう。

全体に見て、大きなやりがいのある年になりそう。

生命の樹スプレッド
Tree of Life Spread

カバラの宇宙図である「生命の樹」のかたちに沿ってカードを並べるスプレッド。自分の使命や進路など、壮大なテーマを占う時に。

使用カード　フルデッキ

占えること　人生のテーマや、これから自分が進むべき方向について。

手順　カットまで終わったカードを、上から図の番号順に裏向きに並べる。①から順に1枚ずつカードを表にし、読み解く。

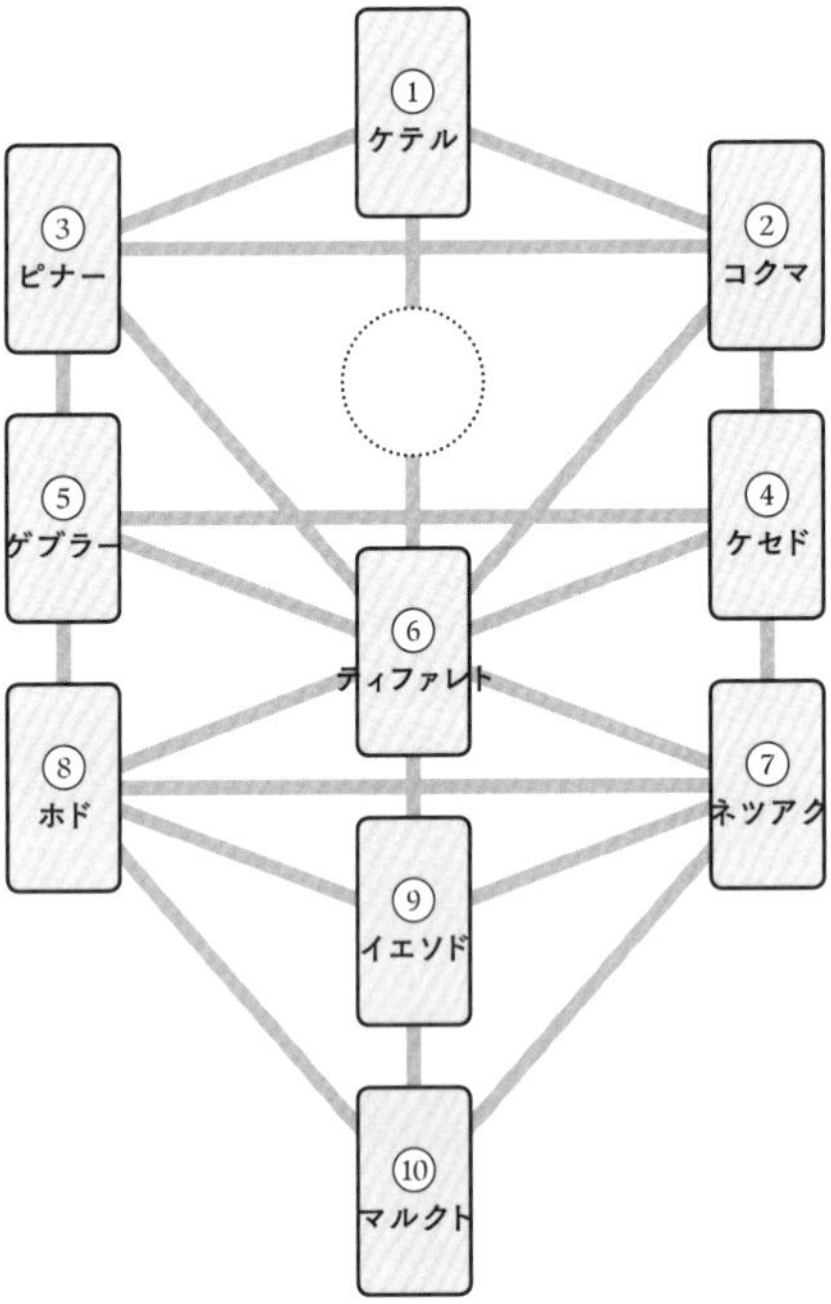

カードの読み方

カードの配置は、カバラにおける宇宙図である「生命の樹」の天球の位置に対応している。

①ケテル ＝ 精神面の目標
⇒人生において向かうべき到達点を表す。

②コクマ ＝ 情熱
⇒情熱のありかや、エネルギーの状態を表す。

③ビナー ＝ 試練
⇒これから乗り越えなければならない試練を表す。

④ケセド ＝ 自分の武器
⇒現状、有利に働くものを表す。

⑤ゲブラー ＝ 手放すべきもの
⇒現状、不利に働くため、手放した方がいいものを表す。

⑥ティファレト ＝ 達成
⇒達成することのできる夢や目標を表す。

⑦ネツアク ＝ 対人関係
⇒周囲の人々との関係の善し悪しを表す。

⑧ホド ＝ 仕事、コミュニケーション
⇒仕事で出すことのできる結果や、職場の環境を表す。

⑨イエソド ＝ 無意識
⇒心の底で恐れるものや気づいていないトラウマを表す。

⑩マルクト ＝ 現状
⇒ 状態や、置かれている状況を表す。

《実践》
生命の樹スプレッド

ユダヤの神秘主義カバラの宇宙図である「生命の樹」のかたちにカードを並べる展開法です。

今回の質問は**「結婚の予定があります。彼は転勤の可能性も大。自分の仕事にウェートを置いているわけではありませんが、辞めてしまうのも不安。今後の生活の指針は?」**

出たカードは以下のようなものでした。①『棒のキング』②『金貨のナイト』③『杯の2』④『金貨のクイーン』⑤『棒の7』⑥『吊られた男』⑦『死神』⑧『女教皇』⑨『杯の5』⑩『棒の4』。

⑩のカードから見て、今あなたはかなり幸福で結婚に向けて心満ちた状況にいるのでしょう。ただ、⑨を見ると、今後の生活において、何かを失う可能性も出てくるのではという不安があるのかも。今が幸せであるがゆえに、すべてが失われるわけではないのに、何かが欠けるだけで大きな不安につながるように感じてしまうのかもしれませんね。⑦が示すのは仕事ばかりではなく、今の人間関係や楽しい遊び仲間との交流がいったん途絶えることでしょう。ここは大アルカナが出ているので、重要なキーポイントであると読むことができます。あなたが本当に恐れているのは、仕事のことよりも、今の仲間たちとの関係がつづかなくなってしまうこと。結婚した後は⑧が示すように賑やかな交流は途絶え1人の世界に閉じこめられることになるかもしれません。

中央⑥の『吊られた男』から、自分が落ち着かない状況になったようにも思うかもしれません。もしかすると、本当に転勤することになり、あなたは新しい場所に行くことになるのかも。なれない新天地での不自由さを感じることも。しかし、④が示すようにあなたは本来、とても現実的で堅実な女性。独身時代の享楽的な生活のままでは遅かれ早かれ、人生に飽きてしまうこともあるでしょう。今はあなたが優遇

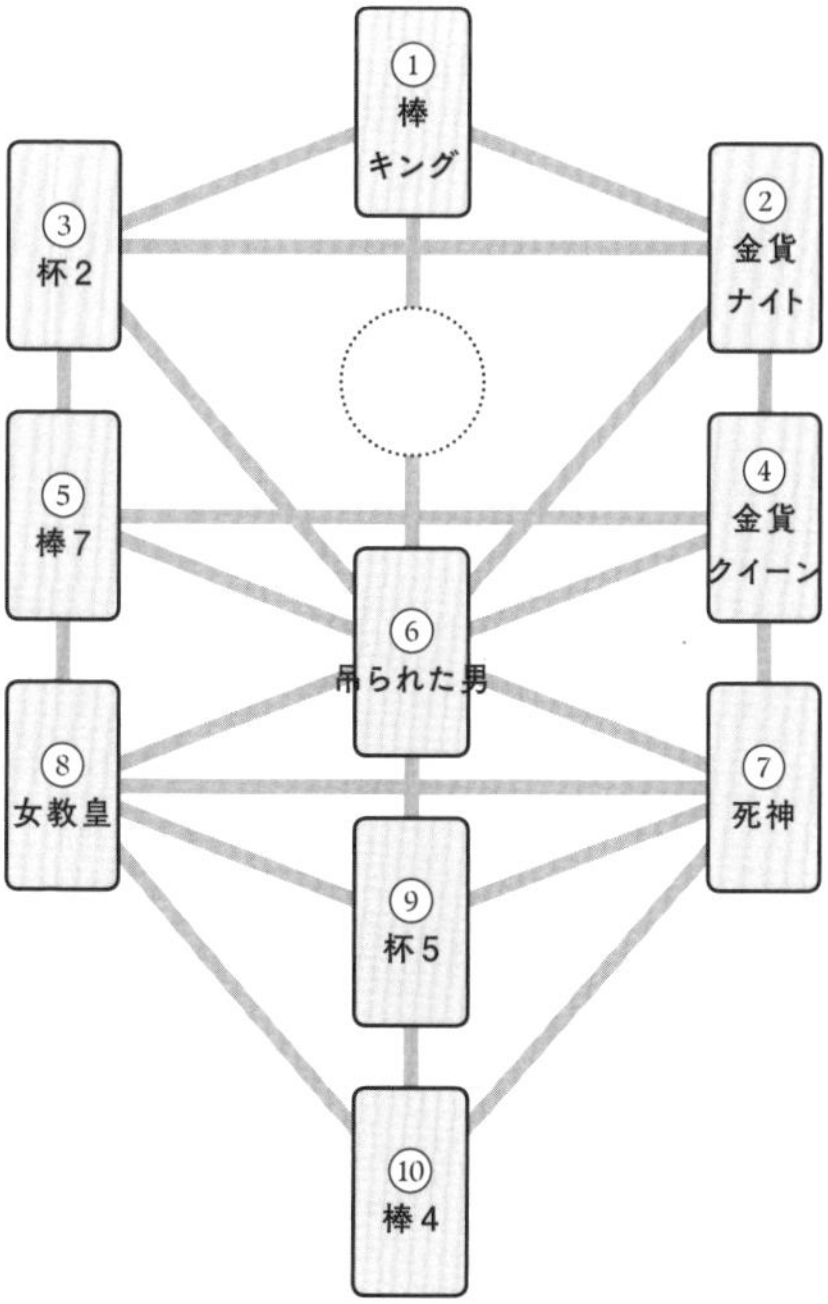

されている状況ではありますが、それをいったん手放すことも次のステップのために必要です。あなたはより大人の、そして自分の情熱を活かせるライフスタイルを狙えるはずです（①）、結婚はそのための試金石になるのです（③）。新しい生活をはじめることができれば、若さと勢いだけの毎日ではなく、コツコツと仕事を進めていくことができるはずです（②）。そして実質的な幸福感をはぐくんでいくこともできることでしょう。

　全体的に今の楽しい人間関係をいったん離れることになりそうだけれど、人生観や生活観をガラリと変えてみることで（⑥）、もっと深いところから情熱をかき立てられるような生き方へと進んでいける（①）とカードは語っています。

天球スプレッド

Celestial Spread

サンドール・コンラードが、著書『クラシック・タロット・スプレッド』で「プラネタリー（惑星）・マンション」として紹介している方法を、さらに簡略化した占い方。カルデアン・オーダー（カルデア配列）という、西洋の古い世界観（惑星は地球を中心として回転している）に基づきカードを配置していこう。

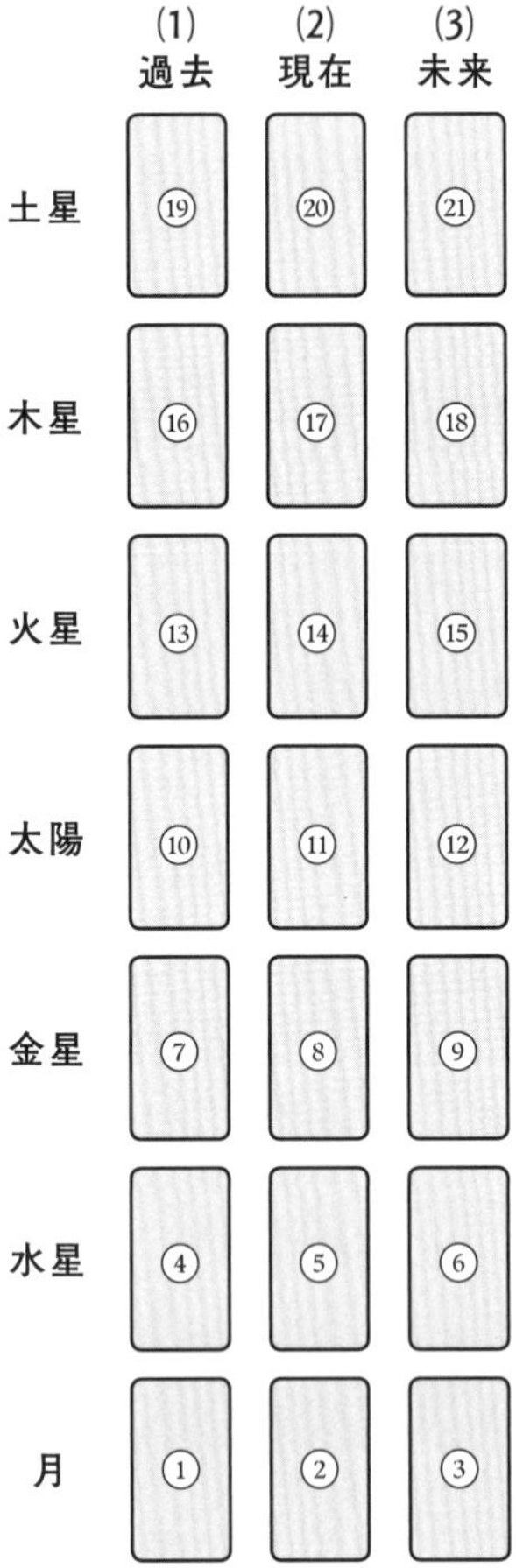

● **使用カード**　フルデッキ

● **占えること**　人生を通じての全体運、もしくは特定のテーマごとの運勢。

● **手順**　カットまで終わったカードを、左から右に向かって積み重ねるように7段分並べていく。すべてのカード、もしくは占いたい場所のカードをめくる。

● **カードの読み方**

(1)の列…過去、(2)の列…現在、(3)の列…未来　を表しているので、好きな時間の列からめくっていく。それぞれの列に積み重なったカードは、下から順に次の惑星、意味を表している。

◎**一番下 ⇒ 月**：健康状態、あなたの心理的な安定状態

◎**下から2番目 ⇒ 水星**：才能、知性、仕事の業績

◎**下から3番目 ⇒ 金星**：愛にまつわること、楽しみ

◎**真ん中**（上下から4番目）
⇒ **太陽**：あなたの目的意識、成功の度合い、満足度、達成度

◎**上から3番目 ⇒ 火星**：性的な事柄、人生における勝負事

◎**上から2番目 ⇒ 木星**：あなたに有利なこと、精神性

◎**一番上 ⇒ 土星**：あなたが限界だと感じること、制約

《実践》
天球スプレッド

占星術を応用したスプレッドです。これもホロスコープスプレッドと同じように、人生全般について見ていくのに向いています。

例題としての質問は**「定年を迎える自分の今後の人生をどんなふうに生きたらいいのか知りたい」**だとしましょう。出たカードは、①『金貨のクイーン』②『棒の2』③『金貨の7』④『剣の7』⑤『棒の9』⑥『剣のクイーン』⑦『金貨の9』⑧『星』⑨『杯の3』⑩『金貨の8』⑪『剣のナイト』⑫『剣のエース』⑬『金貨のキング』⑭『戦車』⑮『杯の9』⑯『審判』⑰『棒の8』⑱『棒の10』⑲『棒のエース』⑳『力』㉑『杯のペイジ』。

全体的に見て、よいカードが並んでいる印象を受けます。定年後のこともまずは心配しなくてもよいのではないでしょうか。カードを読む時には、こんなふうにまずは全体を眺めて、大枠のイメージをつかむことが大切です。

この中でもっとも穏やかでよいカードが並んでいると感じられるのは、金星の段です。ここには幸福な家族、あるいはパートナーとの生活、新しい希望、そして調和の札を見ることができます。伴侶がおられたり、お孫さんとの良好な関係ができたりするのではないでしょうか。人生の基盤、情緒的な安定を示す月の段にも『金貨のクイーン』などが出て、生活の基礎はしっかりしていることがうかがえます。『棒の2』で何かがやってくる様子も見え、新しい家族や仲間が増えるかもしれません。お孫さんができることや、新しい友人、ペットなどができる可能性も。

そもそも、年齢的にも老人というにはまだまだ早く、水星の段に出ている剣のカードは鋭い知性が輝いていることを示します。新しいことを学ぶのにやや慎重になっている(『棒の9』)かもしれませんが、ここは新しいことにチャレンジしてみて

	(1) 過去	(2) 現在	(3) 未来
土星	⑲ 棒 エース	⑳ 力	㉑ 杯 ペイジ
木星	⑯ 審判	⑰ 棒 8	⑱ 棒 10
火星	⑬ 金貨 キング	⑭ 戦車	⑮ 杯 9
太陽	⑩ 金貨 8	⑪ 剣 ナイト	⑫ 剣 エース
金星	⑦ 金貨 9	⑧ 星	⑨ 杯 3
水星	④ 剣 7	⑤ 棒 9	⑥ 剣 クイーン
月	① 金貨 クイーン	② 棒 2	③ 金貨 7

ほしいもの。というのも、木星の段に出ている『審判』からは、学びを通して新しく人生観を刷新できることがわかるからです。たいへんでも（『棒の10』）その価値はあります。

　また、火星のところに出ている強力な一連の札からも、あなたが再度、イニシアチヴをとって、新規の仕事などをしていけそうなことを予見しています。あなたは面倒だと思っても、若い人などがついてきます（『杯のペイジ』『力』『棒のエース』）。火星の段に勢いがあることから何か活動的なこと、人々を活性化させるようなイニシアチブを取る新たな計画を考えてみてはいかが。趣味を兼ねたような仕事や新しい活動をされることをおすすめします。

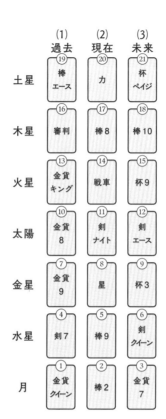

グランドスター・スプレッド
Grand Star Spread

もともとはトランプ占いで伝統的に用いられているスプレッド。魔法円のようなかたちをじっと見つめることで、一瞬の変性意識（夢見るような感覚）を覚えることがあるため、インスピレーションが誘発されやすいと言われている。

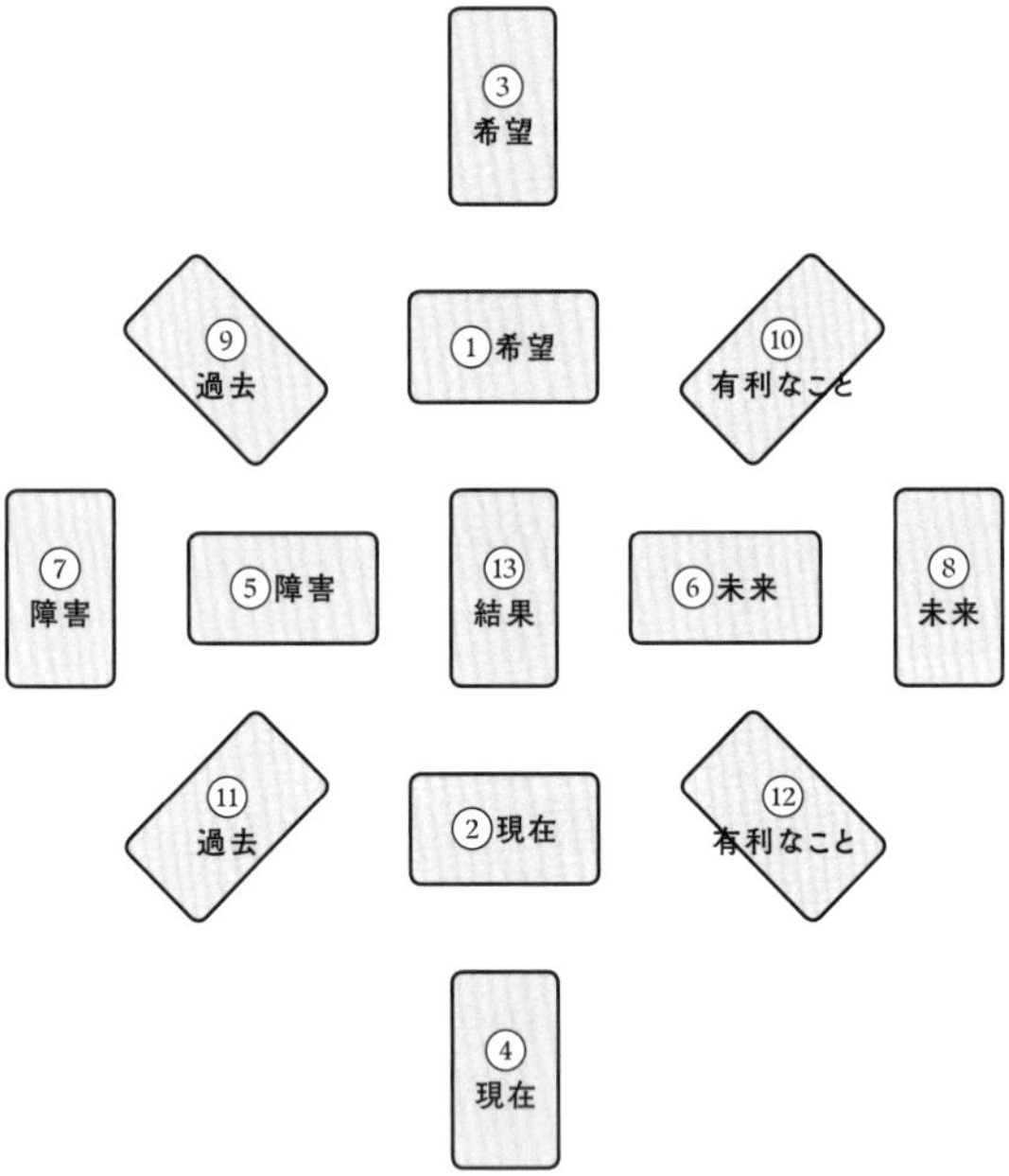

● **使用カード**　フルデッキ

● **占えること**　具体的な悩みや問題に向く。

● **手順**　カットまで終わったカードを、上から図の番号順に裏向きに並べる。①から順に１枚ずつカードを表にし、読み解く。あらかじめすべてのカードを表にして置いてもいい。

● **カードの読み方**

２枚のカードを照らし合わせながら読み解いていく。慣れてきたら、指定の通り、他の番号と併せて読んでいくと解釈に厚みが生まれる。

⑤、⑦ **障害** ⇒ あなたが問題を抱えることになった理由や、置かれていた状況、その時の想いなどを表す。

⑨、⑪ **過去** ⇒ 過去に起きた重要な出来事や、過去の状況を表す（⑤、⑦と併せて読むとより情報が詳細になる）。

①、③ **希望** ⇒ 未来に待っている希望や、相談者が心の奥に秘めている願いを表す（⑨、⑪と併せて読むとより情報が詳細になる）。

②、④ **現在** ⇒ 現在のあなたのベースとなっている物事を表す。

⑥、⑧ **未来** ⇒ 現状から導き出される近い将来の出来事や、行動の結果を表す（⑩、⑫と併せて読むとより情報が詳しくなる）。

⑩、⑫ **有利なこと**
⇒ これからの未来に向けてあなたにとって有利なこと、よいことを示す。

⑬ **結果** ⇒ 最終的な結果や、問題のキーポイントを表す。

《実践》
グランドスタースプレッド

伝統的なトランプ占いの展開法ですが、タロットにも応用できます。実例として、**「作家になりたくて、今はバイトで生計を立てています。この先はどうなるのでしょう？」**という問いで、以下のようなカードが出ています。フルデッキを使用しました。

現在（②④）：『剣の8』『月』先が見えない不安な状況のようです。薄闇の中、目隠しまでされているような状況ですね。障害のポジションと合わせると、非現実的な夢を描いていることが、今の不安をさらに増大させています。

過去（⑨⑪）：『杯4』『棒5』状況に不満をもっていて、これまで周囲とのトラブルを押してまで、状況から脱出してきた過去がうかがえます。周囲の反対を押し切ってまで作家への転身を図ろうとしたのではないでしょうか。

希望（①③）：『金貨のナイト』『金貨の8』2つとも金貨です。コツコツと、しかし着実に進めることが相談者の希望のようですね。過去の不満は自分のペースで仕事が進まないことにあったのでしょう。忙しいことや、職場の人間関係などで諍《いさか》いやストレスがあったのかも（⑨『杯の4』、⑪『棒の5』）

障害（⑤⑦）：『杯の7』『杯のエース』幻想に満ちた状況を示します。『杯のエース』は基本的にはよいカードですが、ここでは『杯の7』の意味を強めているように思えます（エースは各スートのエネルギーの根源であるため）。非現実的な夢を大きく描きすぎているように思えます。夢が大きいだけ、現実との違いが相談者を必要以上に不安にさせている様子。

有利なこと（⑩⑫）：『剣の3』『金貨の2』解釈が難しい札ですが、この場合、何か心に負っている傷が、今後は作品に生かされていくことがあるのではないかと推測できます（『剣の3』は傷心を、『金貨の2』

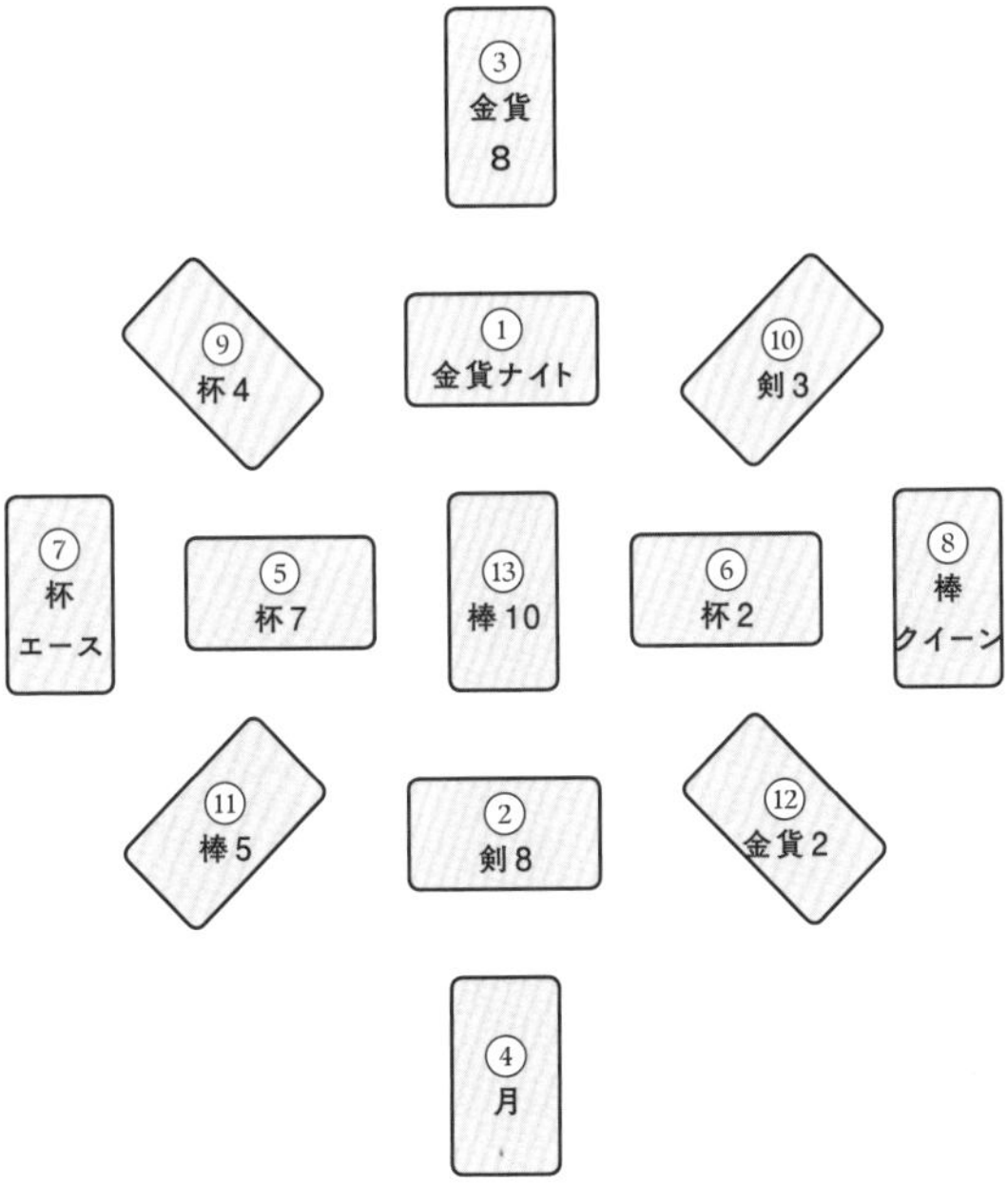

のダンスは何かのサイクルを示します。ここでは痛みがリサイクルされていることになります）。

未来（⑥⑧）：『杯の2』『棒のクイーン』協力や幸福を示す札。よい担当編集者（おそらく女性）などに出会うことがあるかもしれません。また、相談者が本当に好きなテーマを書くことが必要であることを示します。

結果（⑬）：『棒の10』もちろん、作家としてやっていくのは簡単ではありません。もしなれたとしても多くの重圧が待っていることでしょう。しかし、それでも本当に好きなテーマを選ぶなら、そして過大な期待を捨てるなら、今の道を進む価値はあるのではないでしょうか。

ユンギアン・タロット
Jungians Tarot

ユング心理学に基づく、重厚なスプレッド。R・ロバーツが神話学のJ・キャンベルをこの方法で占ったことがある

● **使用カード**　フルセット

● **占えること**　自分、あるいは相談者の心の軌跡を振り返りながら、これから先のことを考えていく。

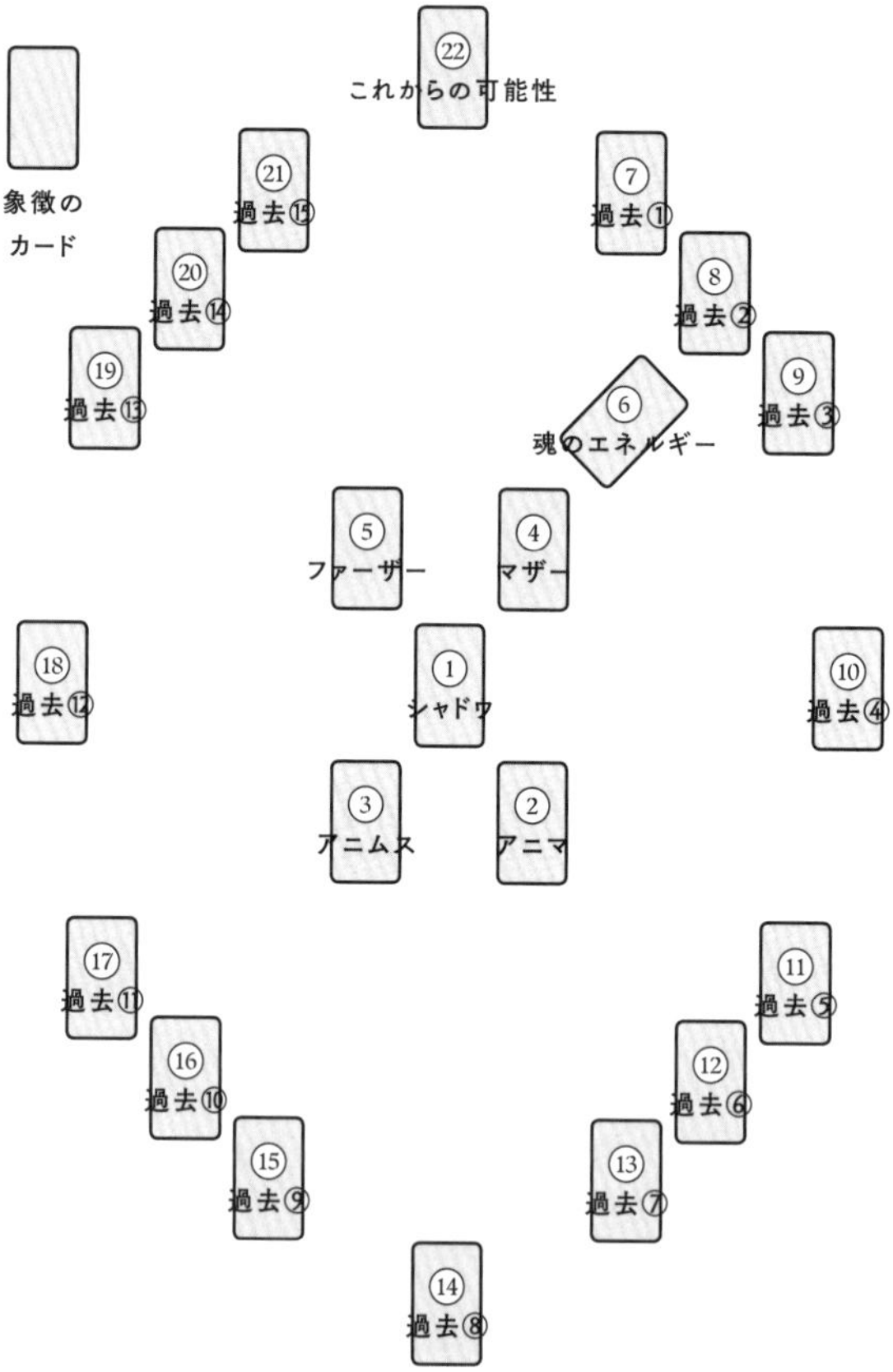

手順

〈１〉78枚のカードから１枚、あなた（相談者）を象徴するカードを選ぶ。その人のイメージから直感で選んでよいが、難しければ星座を参考にする。

●火の星座生まれ（牡羊座、獅子座、射手座）⇒棒
●地の星座生まれ（牡牛座、乙女座、山羊座）⇒金貨
●風の星座生まれ（双子座、天秤座、水瓶座）⇒剣
●水の星座生まれ（蟹座、蠍座、魚座）⇒杯

※すべての星座において男性ならキング、女性ならクイーン、若い男女ならペイジ。象徴カードはテーブルに出しておく。

〈2〉残りの77枚をカットまですませたら、上から図の番号順に裏向きに並べる。すべてのカードを表にして読み解く。

カードの読み方

人間の心は、生涯かけて「個性化」と呼ばれる成長を続け、その過程の中で、各々の心に存在する「元型」という要素たちと出会っていくとユングは考えた。このスプレッドはそんなユング派の考え方に沿ってつくられている。配置されたカードは、次のように「元型」に対応させながら読み解いていく。

①**シャドウ** ⇒ 自分では認めたくない抑圧している心の一面を表す。

②**アニマ** ⇒ 心の中の女性的な原理や、理想とする女性の姿を表す。

③**アニムス** ⇒ 心の中の男性的な原理や、理想とする男性の姿を表す。

④**マザー** ⇒ 心の中の母親的な原理や、母親に投影するものを表す。

⑤**ファーザー** ⇒ 心の中の父親的な原理や、父親に投影するものを表す。

⑥**魂のエネルギー**
⇒ あなたを深いところから突き動かしているものを表す。

⑦～㉒ ⇒ ㉑までは、今までのあなたを形成してきた過去の出来事を表す。番号が若いほど過去の出来事になる。㉒は、あなたのこれからの可能性を表す。

《実践》ユンギアン・タロット

これまでの人生を振り返ってみるという異例の展開法です。特に具体的な質問をせず、ある46歳の独身女性（天秤座）で出た結果です。象徴カードには、『剣のクイーン』を選びました。78枚のフルセットを使っています。

①シャドウ：『太陽』影に太陽とは難しいところですが、抑圧された自己表現欲求や創造性があることがうかがえます。

②アニマ：『金貨の9』幸福な生活をする女性への憧れ。

③アニムス：『死神』男性に対して何か失望をしたか、あるいは好きだった人との別離を体験しているのでは（実際、相談者は長年連れ添った人との離婚を経験している）。

④マザー：『月』母親に対して何か不信感を抱いていたり、あるいは幼いころ一緒にいなかったりして、複雑な思いを投影している（会社経営者だった母親とは幼いころ過ごした時間は短いとのこと）。

⑤ファーザー：『棒の3』港を見つめるこの絵が父親的なものを待っている姿に見えてきました。自分を新しい世界に引き出してくれる父親／男性的なものを期待しているのかもしれません。

⑥『杯の6』ノスタルジーを表すカードです。逆説的ですが、幼いころの思い出に立ち返ること、何かの思い出がこの相談者を前に進めてきた面があるのでしょう。

⑦からは順次、見ていきます。

過去：コツコツと努力を積み重ねてきて（⑦『金貨ペイジ』、⑧『金貨8』）、かつての願いは一度かなっているようです（⑨『杯の9』）。その中ではかなりパワーのある男性との出会いもあったことでしょう（⑩『剣のキング』）。そうした権力者やキーパーソンを上手に懐柔する手腕も身につけて（⑪『力』）社会の中で力を発揮するチャンスにも気力にも恵まれています（⑫『棒のエース』）。しかし、時間はまたたく間

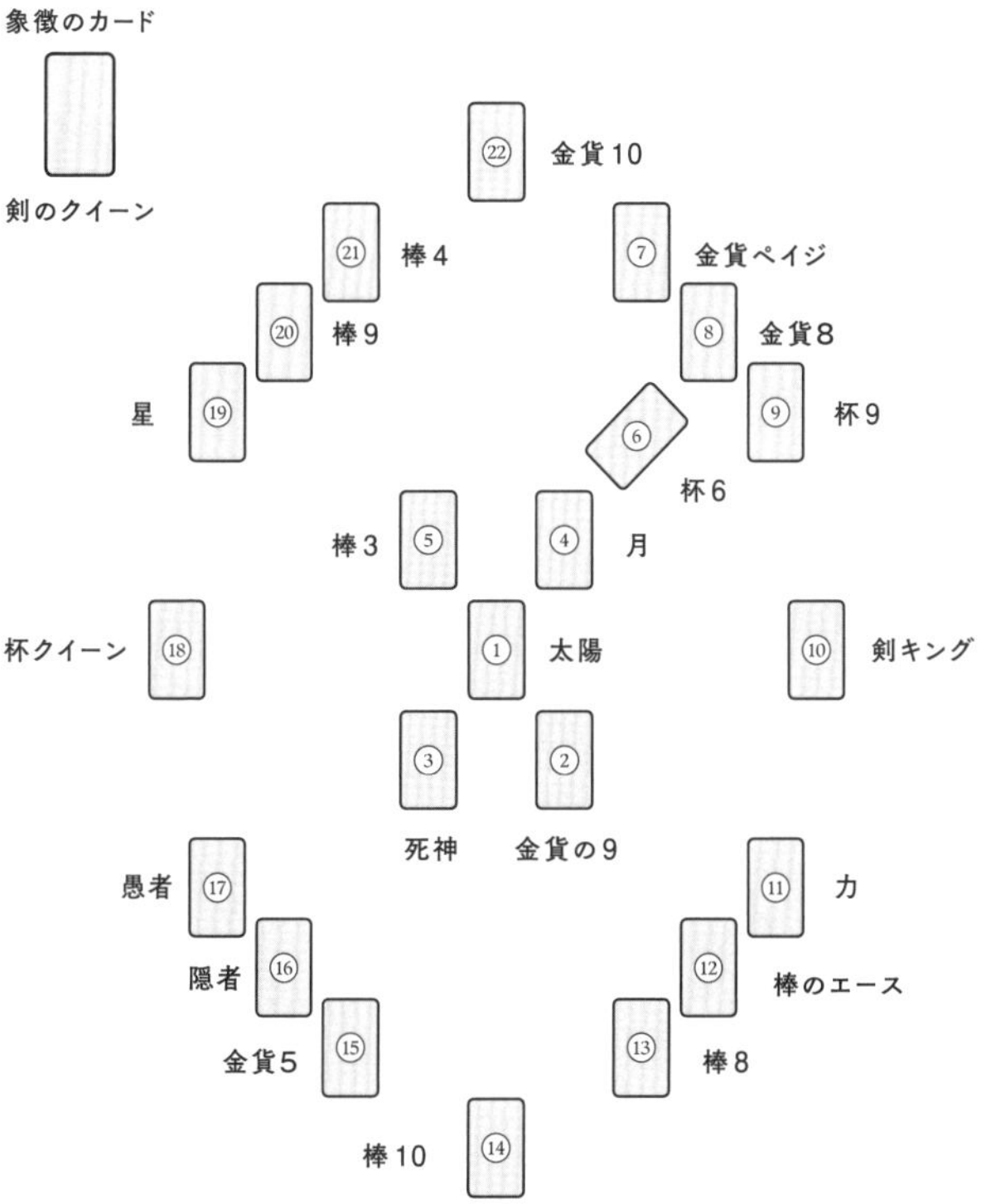

に流れ（⑬『棒の8』）、仕事が重圧に思えてきたこともあるはず（⑭『棒の10』）です。経済的なことも含め、年齢的にも孤独や不安がのしかかってきている状況なのかもしれません（⑮『金貨の5』、⑯『隠者』）。しかし、そんな中年期の危機の中でも、新しい可能性やスタートを感じることができるはずです（⑰『愚者』）。この年齢ならではの女性としてのよろこびや余裕が生まれてくることもあるでしょう（⑱『杯のクイーン』、⑲『星』）。慎重にならざるを得ないこともありますが（⑳『棒の9』）、両親の影を乗り越え誰かに承認されることを第一に考えず（シャドウ①の『太陽』と㉑『棒の4』）にいれば今後、結婚に限らず、あなたをとりまく幸福な人間関係と生活のスタイルが生まれてくるはずです（㉒『金貨の10』）。

鏡リュウジ *Ryuji Kagami*

占星術研究家、翻訳家。1968年京都府生まれ。国際基督教大学卒業、同大学院修士課程修了（比較文化）。英国占星術協会会員、日本トランスパーソナル学会理事。平安女学院大学客員教授、京都文教大学客員教授。著書に『タロットの秘密』『星のワークブック』（以上、講談社）、『占星術夜話』『鏡リュウジの占い大事典』（以上、説話社）、『はじめてのタロット』（ホーム社）、『占星術の文化誌』（原書房）、訳書に『占星学』『ユングと占星術』（以上、青土社）、『タロット バイブル 78枚の真の意味』『完全版 タロット事典』（朝日新聞出版）など多数。

鏡リュウジの実践タロット・リーディング
—もっと深く占うための78枚—

2017年12月30日　第1刷発行
2023年 7 月30日　第6刷発行

著　者　鏡 リュウジ
発行者　宇都宮健太朗

発行所　朝日新聞出版
〒104-8011 東京都中央区築地5-3-2
電話 03-5541-8832（編集）
03-5540-7793（販売）
印刷所　大日本印刷株式会社

Published in Japan by Asahi Shimbun Publications Inc.
ISBN 978-4-02-251478-3